ISBN : 2-906750-69-7
EAN: 9782906750692

Délices du Maroc

Editions Consulaires

Délices du Maroc

TRÉS FACILE : ✯ FACILE : ✯✯ DIFFICILE : ✯✯✯

Délices du Maroc

TRÉS FACILE : ✯ FACILE : ✯✯ DIFFICILE : ✯✯✯

LES RECETTES

ENTRÉES FROIDES ET CHAUDES : . . . . . PAGES

SOUPES :

TAJINES ET COUSCOUS :

POISSONS ET FRUITS DE MER :

LES RECETTES

VIANDES ET VOLAILLES :

DESSERTS ET PÂTISSERIES :

Entrées froides
Entrées chaudes

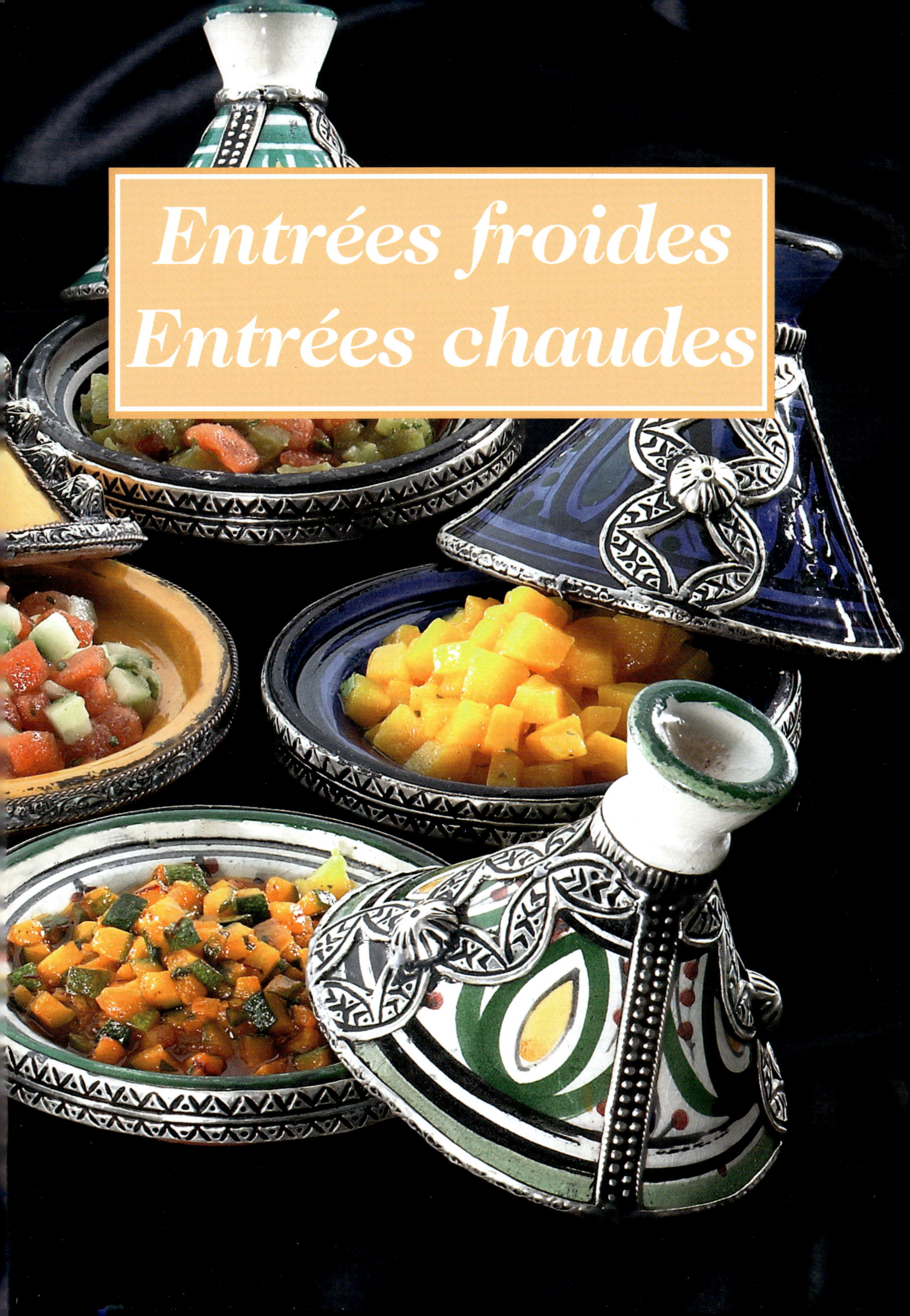

MOHAMMED AITALI

Briouates croustillantes

4 personnes ★★ **Préparation : 30 min**

Briouates :
200 g de feuilles de pastilla
400 g de crevettes roses décortiquées
2,5 cl d'huile d'olive
1 œuf
Huile de friture

Sauce chermoula :
50 g de coriandre fraîche
50 g de persil plat
30 g d'ail
200 g d'oignons
100 g d'olives rouges

1/4 de cuillère à café de cumin en poudre
1/2 cuillère à café de paprika
10 cl d'huile d'olive
1 citron
Sel
Poivre

Décoration :
100 g de citron confit
5 g de paprika
1/2 botte de coriandre
100 g de harissa

Assortiment de petites bouchées farcies toutes dorées et croustillantes dans leur feuille de *pastilla*, les *briouates* prennent selon les cas la forme d'un triangle, d'un rectangle ou d'un cylindre. Si Mohammed Aitali a choisi une farce de crevettes à la *chermoula*, il existe aussi un grand nombre de succulentes garnitures à base de poulet, de fruits de mer, de riz sucré, de fromage de chèvre ou de miel et d'amandes.

Des petites crevettes roses conviendront parfaitement à la farce des *briouates*. Au Maroc, il est très facile de trouver des crevettes toute l'année, avec une légère baisse en hiver due aux mauvaises conditions de pêche. Ces petits crustacés abondent au nord de la côte Atlantique. Les Marocains cuisinent avec bonheur les crevettes roses, les *scampi* à la carapace gris-noir, de taille moyenne, et les grosses crevettes royales de couleur rouge vif. Mélangés à la *chermoula*, les crustacés peuvent aussi être mitonnés en ragoût, que l'on appelle localement *tajine*.

Tantôt employée comme marinade, tantôt comme sauce de cuisson, la *chermoula* est une préparation indispensable en cuisine marocaine. Ce mélange très relevé de persil, ail, cumin, paprika et huile assaisonne les crevettes et la majorité des plats de poisson, qu'ils soient frits, farcis et cuits au four ou bien mijotés au *tajine*. On l'incorpore aussi dans les lentilles, et pour accommoder le poulet. Préparée à l'avance, la *chermoula* se conserve très bien au réfrigérateur, dans un bocal fermé.

Les olives rouges quant à elles, forment le stade intermédiaire de mûrissement entre l'olive verte et l'olive noire. Comme les olives vertes, les rouges, dont la couleur véritable se rapproche du grenat foncé, peuvent servir de décoration ou passer en cuisson. Les Marocains les ajoutent volontiers dans les plats de poisson et dans le *tajine* de bœuf au citron confit.

Préparez la chermoula en mélangeant coriandre, persil, ail, oignons et olives rouges hachés, cumin, sel, poivre et paprika. Ajoutez 2 cl de jus de citron et un filet d'huile d'olive.

Disposez les crevettes décortiquées dans une terrine. Ajoutez la sauce chermoula. Mélangez bien le tout jusqu'à obtention d'une farce.

Faites chauffer de l'huile d'olive dans une poêle. Ajoutez la chermoula aux crevettes. Poêlez à feu vif et en remuant, jusqu'à ce que tout soit doré.

aux crevettes roses

MOHAMMED
AITALI

Cuisson : 10 min

Posez plusieurs feuilles de pastilla l'une sur l'autre. Roulez-les. Tranchez le rouleau en 3 ou 4 morceaux égaux, et déroulez pour obtenir des bandes. Détachez-les les unes des autres.

Battez un œuf dans un petit bol. Posez un peu de farce aux crevettes en bas d'une bande de feuille à pastilla. Repliez en triangle, alternativement de droite et de gauche jusqu'en haut de la feuille de manière à former un petit "chausson" ou "briouate".

Faites chauffer l'huile dans votre bassine à friture. À l'aide d'une araignée, plongez les briouates dans l'huile brûlante et laissez dorer. Égouttez sur papier absorbant. Disposez sur une assiette de service, décorez et servez tiède.

ABDELLAH
ACHAI

Briouates de jban aux

4 personnes ★ **Préparation : 30 min**

500 g de feuilles de pastilla
2 pièces de jban (fromage de chèvre frais)
100 g d'olives noires dénoyautées
1/2 botte de coriandre
2 œufs
Poivre blanc
Huile de friture

Décoration :
1 tomate
Feuilles de menthe

Si vous avez l'occasion de vous rendre dans la région de Fès, vous aurez certainement l'occasion de déguster les fameuses *briouates*. En fonction des familles, ces délicats petits chaussons sont présentés en entrée ou en dessert. La farce qui les compose varie selon l'inspiration du moment ou du marché. Certains les confectionnent au poulet, pigeon, épinards, crevettes. D'autres affichent leur préférence pour la pâte d'amande, le miel...

La préparation de la farce laisse donc libre cours à l'imagination. Pour sa part, notre chef a souhaité offrir au *jban*, fromage de chèvre frais typiquement marocain, une place de choix. Traditionnellement utilisé en pâtisserie comme entremets, ce fromage, préparé exclusivement avec du lait de chèvre et contenant moins de 45% de matières grasses, possède une saveur douce ou légèrement acidulée. À défaut, vous pouvez également vous procurer de la *ricotta*, au goût nettement plus neutre.

Dans cette recette, la coriandre offre son parfum spécifique au *jban*. Également appelé "persil arabe", cette plante aromatique entre dans la préparation de nombreux mets orientaux comme les salades, soupes, ragoûts ou poissons. Quant aux olives noires, particulièrement appréciées des Méditerranéens, elles sont conditionnées dans de l'eau additionnée de sel. Même rincées, elles conservent le goût persistant du sel. Tenez-en compte lors de l'assaisonnement.

Au Maroc, les feuilles de *pastilla* sont indissociables du patrimoine culinaire. Composées de farine, sel et eau, elles étaient, jadis, préparées au sein de la famille. Leur confection requiérait une réelle expérience et une très grande précision.

Aujourd'hui, si les feuilles de *pastilla* sont encore fabriquées artisanalement, elles sont l'œuvre de femmes spécialisées. Inlassablement, ces dernières retranscrivent les gestes ancestraux hérités de leurs aïeules. Elles utilisent toujours le *tabsil dial ouarqa*, plateau en cuivre dont la face extérieure étamée, permet de cuire les feuilles. Appelées communément "vendeuses de ouarqa", certaines d'entre-elles jouissent d'une grande réputation.

Sur le plan de travail, coupez en petits dés les olives noires dénoyautées.

Lavez la coriandre et hachez-la à l'aide d'un grand couteau.

Dans un saladier, disposez le fromage de chèvre frais (jban), les dés d'olives noires et la coriandre hachée.

olives noires et coriandre

ABDELLAH
ACHIAI

Cuisson : entre 3 et 4 min

Poivrez. Cassez 1 œuf dans un bol, battez-le et ajoutez-le dans la farce. Mélangez avec une spatule en bois.

Avec un long couteau, découpez les feuilles de pastilla dans le sens de la longueur. Cassez l'autre œuf dans un bol, battez-le et réservez.

Garnissez chaque feuille de farce. Pliez-les en triangles en roulant une fois à gauche, une fois à droite pour les border. Collez la fin de chaque triangle avec l'œuf battu. Faites-les frire entre 3 et 4 min. Épongez. Dressez-les dans un plat, décorez avec 1 lamelle de tomate et 1 feuille de menthe.

ABDELLAH ACHAI

Cervelle d'agneau

4 personnes ★ **Préparation : 45 min**

4 pièces de cervelle d'agneau
1 oignon
100 g de tomates
1/2 botte de persil
1 œuf
1 gousse d'ail
5 cl d'huile d'olive
Sel, poivre blanc

Zaalouk :
5 aubergines
200 g de tomates
1 cuillère à soupe de concentré de tomates
2 gousses d'ail
1/2 botte de coriandre
1/2 botte de persil
1/2 cuillère à café de paprika
1 cuillère à café de cumin
5 cl d'huile d'olive
Huile de friture
Sel, poivre blanc

Décoration :
Feuilles de menthe

En langue marocaine, *zaalouk* désigne le caviar d'aubergines. Cette préparation populaire à base de ces délicieux légumes comprend également une purée de tomates, de la coriandre, du persil, de l'ail, du paprika, du cumin, du concentré de tomates, du sel, du poivre et de l'huile d'olive.

En hiver, les familles dégustent la *zaalouk*, en entrée tiède, accompagnée de cervelle d'agneau.

Au Maroc, cet abat blanc est apprécié pour sa délicatesse. La cervelle nécessite d'être lavée à l'eau froide afin de la débarrasser des membranes et vaisseaux. Il est aussi préférable de la faire dégorger une heure, à l'eau vinaigrée, puis de la laver de nouveau.

Dans cette préparation, la cervelle d'agneau se marie harmonieusement aux aubergines. Ces légumes d'été, originaires de l'Inde, participent à de nombreux apprêts orientaux. La variété la plus connue est la pourpre foncée, de forme allongée. De saveur affirmée, cette dernière se conserve très bien au réfrigérateur. Les meilleures aubergines sont reconnaissables à leur peau lisse, intacte, ferme et à leur pédoncule bien frais. Évitez les trop grandes : elles sont souvent remplies de graines.

Judicieusement relevée, la *zaalouk* dévoile les saveurs du paprika. Cette variété de piment doux, réduit en poudre, est souvent employée pour aromatiser ragoûts, plats en sauce ou soupes.

Quant au poivre blanc, utilisé par notre chef, il fait partie des épices les plus répandues à travers le monde. Récolté très mûr, il est ensuite débarrassé de sa coque par triturage dans l'eau salée. Il assaisonne admirablement les sauces blanches. En grains, le poivre blanc indien de Tellicherry, est le plus réputé.

La cervelle d'agneau et *zaalouk* est une spécialité originale. Très légère, cette entrée raffinée dévoile les saveurs si chères aux Méditerranéens.

Épluchez l'oignon et hachez-le. Lavez 100 g de tomates. Coupez-les en petits dés. Ciselez le persil et la coriandre. Écrasez la gousse d'ail. Pour la zaalouk, mondez 200 g de tomates, pelez-les et réduisez-les en purée. Réservez.

Coupez les cervelles d'agneau en gros morceaux réguliers. Pour la zaalouk, ciselez la coriandre, le persil. Écrasez les gousses d'ail. Réservez.

Dans une casserole, versez 5 cl d'huile d'olive. Ajoutez la gousse d'ail écrasée, les tomates coupées en petits dés, le persil ciselé et les morceaux de cervelle. Salez, poivrez. Versez 1 verre d'eau. Faites cuire, environ 10 min. Ajoutez dans la préparation l'œuf battu. Remuez.

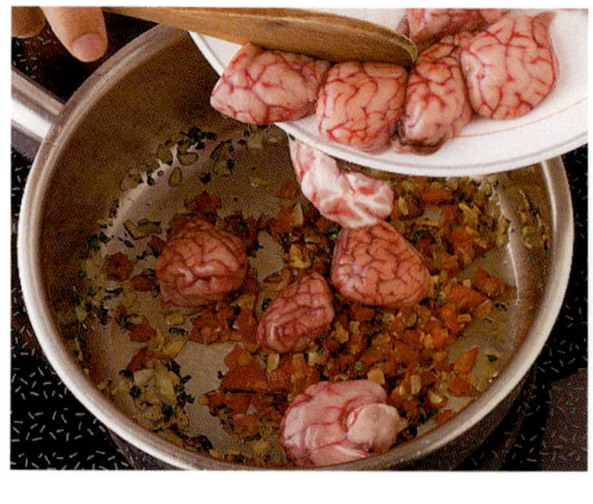

et zaalouk

ABDELLAH
ACHIAI

Cuisson : 40 min

Coupez les fonds de 4 aubergines. Évidez-les. Mettez dessus un peu de sel et 1 filet d'huile d'olive. Faites cuire au four, à 180°C, environ 10 min. Réservez.

Pour la zaalouk, coupez le restant d'aubergines en petits dés et faites-les frire dans l'huile de friture.

Saisissez la purée et le concentré de tomates, avec 4 cl d'huile d'olive, le persil, la coriandre, l'ail, le paprika, le cumin. Salez, poivrez. Ajoutez les dés d'aubergines. Faites cuire, 10 min. Garnissez les fonds de zaalouk. Dressez-les avec la cervelle et la sauce. Décorez avec la menthe.

KHADIJA
BENSDIRA

M'hancha aux légumes

4 personnes ★★★ **Préparation : 50 min**

10 feuilles de pastilla (malsouka)
1 œuf
200 g de carottes
200 g de navets
200 g de pommes de terre
200 g de petits pois
1 kg d'épinards
1 gousse d'ail
1/2 cuillère à café de paprika
1/2 cuillère à café de cumin
3 branches de persil plat
3 branches de coriandre
300 g de beurre
Sel

Farce :
500 g de viande de bœuf hachée
3 œufs

200 g d'oignons
3 gousses d'ail
1/2 bottillon de persil
1/2 botte de coriandre
1/2 cuillère à café de cumin
1/2 cuillère à café de paprika
1 cuillère à café de cannelle en poudre
1/2 cuillère à café de gingembre en poudre
1 branche de marjolaine
2 feuilles de menthe fraîche
2 cuillères à soupe d'huile végétale
Sel
Poivre

Décoration :
Citron
Tomates

La gastronomie est un art en perpétuelle évolution. Les *m'hancha* en sont une parfaite illustration. Inscrites au patrimoine culinaire marocain, ces pâtisseries traditionnelles, à base de pâte d'amandes, sont à l'heure actuelle revisitées par les grands chefs. Reconnaissables à leur forme en serpentin, d'où leur nom de *m'hancha*, ces mets sucrés sont actuellement adaptés en entrée salée.

Très léger, ce plat requiert de l'adresse. La véritable difficulté réside dans la mise en forme des feuilles de *malsouka*. Elles ne doivent en aucun cas se déchirer quand vous les enroulez. Comme notre chef, usez de patience et de dextérité !

Riche en légumes, cette spécialité regorge de vitamines. Habituellement, les Marocains utilisent pour réaliser cette recette de la mauve, plante sauvage, spécifique du pays. Elle est ici remplacée par les épinards. Originaires de Perse, ces derniers se consomment crus en salade ou cuits. Les feuilles doivent être bien formées, entières et non tachées. Avant de les faire blanchir, nous vous recommandons de les laver à l'eau courante sans les faire tremper.

Quant aux petits pois, ils apparaissent sur les marchés dès le printemps et jusqu'à l'été. Ces plantes potagères, cultivées pour leurs graines, apprécient la compagnie de la menthe que l'on peut glisser dans l'eau de cuisson. Ces légumes s'écossent facilement à la main et il n'est pas nécessaire de les laver. Leur cosse doit être bien verte, intacte dure et pleine. Les petits pois se conservent deux ou trois jours au réfrigérateur, mais il est préférable de les utiliser rapidement.

La *m'hancha* confectionnée par Khadija Bensdira peut se consommer aussi en plat principal. Originale et délicieuse, elle comblera plus d'un gourmet !

Épluchez les carottes, les pommes de terre et les navets. Coupez-les en petits dés. Écossez les petits pois. Lavez les épinards. Faites blanchir séparément dans de l'eau salée, tous les légumes.

Faites fondre 50 g de beurre dans une poêle. Ajoutez les épinards blanchis et faites-les suer avec 1/2 c. à c. de paprika, le persil et la coriandre hachés, 1/2 c. à c. de cumin et 1 gousse d'ail écrasée. Salez. Réservez.

Préparez la farce en faisant cuire dans l'huile végétale la viande hachée. Ajoutez les oignons ciselés, les gousses d'ail écrasées, le persil et la coriandre hachés, la menthe et la marjolaine ciselées. Incorporez le gingembre, le paprika, la cannelle, le cumin. Salez, poivrez.

du printemps

KHADIJA
BENSDIRA

Cuisson : 30 min

Cassez 3 œufs dans la farce de la viande et mélangez.

Mélangez la farce avec les dés de carottes, pommes de terre, navets blanchis, petits pois et épinards. Cassez l'œuf restant et réservez le jaune dans un bol.

Étalez les feuilles de pastilla. Incorporez la farce sur toute la largeur. Roulez les feuilles sur elle-même pour leur donner la forme d'un serpentin. Collez l'extrémité avec du jaune d'œuf. Avec le beurre restant, enduisez les m'hancha. Faites cuire au four, à 180°C, environ 12 min.

BOUCHAÏB KAMA

M'hancha de poulet

4 personnes ★★★ **Préparation : 1 h**

320 g de chair de poulet
300 g de champignons de Paris
100 g de calamars
2 filets de poisson blanc
100 g de petites crevettes cuites et décortiquées
4 oignons moyens
2 gousses d'ail
5 g de pistils de safran
1/2 sachet de colorant safran
1,5 cuillère à café de piment doux en poudre
1 pincée de gingembre

1 cuillère à soupe d'huile d'olive
10 cl d'huile d'arachide
1 botte de persil plat
1 botte de coriandre fraîche
80 g de vermicelles chinois
8 feuilles de pastilla
60 g de beurre frais
1 œuf
1 citron
Sel
Poivre

Traditionnellement, les m'hancha sont servies en guise de pâtisseries : farcies d'un mélange sucré aux amandes, les feuilles de pastilla sont ensuite enroulées en forme de serpent. Vers 1993-1994, notre chef Bouchaïb Kama a créé pour le restaurant de l'hôtel Farah de Casablanca une recette de m'hancha salée, garnie de poulet, de fruits de mer, de champignons et de vermicelles chinois épicés. Popularisée à la télévision par plusieurs émissions culinaires, la recette a maintenant inspiré d'autres chefs et traiteurs, qui proposent ce plat pour les mariages et réceptions.

Notre chef vous conseille d'employer pour la farce des petites crevettes roses. Les eaux marocaines abritent une multitude de variétés de crevettes, toutes plus délicieuses les unes que les autres : citons parmi les plus connues les crevettes de roche, petites et arrondies avec une grande moustache, les grosses bouark, les bouquets, les crevettes tigrées, les scampi, les énormes crevettes royales à la carapace rouge vif...

Parmi les autres fruits de mer composant la farce, les calamars demandent une préparation minutieuse. Coupez la tête, puis retirez la peau, les viscères et l'os central. Retournez ensuite la poche obtenue "comme un doigt de gant", et rincez-la pour éliminer le sable.

Bien sûr, l'assortiment de produits marins dépendra du marché disponible. Libre à vous d'y incorporer crevettes, moules, clams, coquilles Saint-Jacques, et même quelques filets de loup, d'ombrine, de saint-pierre ou de sole.

Lorsque vous ferez cuire les petits dés de poulet avec les champignons, n'hésitez pas à ajouter du fond de poisson ou de crevettes, pour attendrir les ingrédients et leur apporter plus de saveur. Une fois confectionnée, prenez soin de laisser refroidir la farce avant de garnir la pâte. Ce sera la garantie pour que les m'hancha n'éclatent pas en cuisson.

Trempez les vermicelles. Coupez poulet et champignons en dés. Détaillez les calamars. Faites suer dans 1 c. à s. d'huile d'olive et d'arachide ail et oignon hachés et safranés. Ajoutez poulet, calamars, champignons, sel, poivre, colorant, gingembre et piment.

Faites cuire ces ingrédients pendant 8 min. Au bout de ce temps, ajoutez les vermicelles détaillés au couteau. Mélangez. Faites cuire 6-8 min. Ajoutez les poissons et les crevettes émincés. Continuez la cuisson 8 à 10 min.

En fin de cuisson, additionnez la préparation avec le persil et la coriandre ciselés. Mélangez de nouveau.

et fruits de mer

BOUCHAÏB
KAMA

Cuisson : 35 min

Trempage des vermicelles : 15 min

À la cuillère, incorporez le beurre pour bien ramollir la farce. Pressez un citron par-dessus. Mélangez. Transférez la farce sur une plaque et laissez refroidir. D'autre part, battez 1 jaune d'œuf dans un petit bol.

Faites chevaucher légèrement sur le plan de travail deux feuilles de pastilla. Déposez une ligne de farce en bas des deux feuilles. Roulez délicatement du bas vers le haut, en serrant. Scellez les extrémités du "boudin" à l'œuf battu.

Passez de l'huile d'arachide le long du "boudin". Puis repliez-le doucement sur lui-même, en forme de serpent enroulé (m'hancha). Collez les bouts au jaune d'œuf. Formez 3 autres m'hancha. Sur une plaque huilée, faites-les cuire env. 5 min au four préchauffé à 200°C.

VICTORIA
BERDUGO

Pastelitos

4 personnes ★★ **Préparation : 1 h**

Huile de friture

Farce (miga) :
500 g de viande hachée de bœuf
1 oignon
1/2 bottillon de persil
2 feuilles de laurier
1/2 cuillère à café de curcuma
1/2 cuillère à café de noix de muscade en poudre
1/2 cuillère à café de macis
Sel
Poivre

Pâte des pastelitos :
3 œufs
450 g de farine
Sel
1 cuillère à café de bicarbonate
4 cuillères à soupe de graisse d'oie
15 cl d'huile végétale

Les pastelitos de ojas sont de délicieux petits feuilletés. Cette spécialité, typique de la communauté juive de Tanger, est habituellement confectionnée lors des grandes occasions. Selon les familles, les pastelitos sont aussi garnis de miel et amandes et présentés en dessert.

Nécessitant de la patience et de la minutie, la confection de la pâte feuilletée consiste à intercaler par pliages successifs des couches de pâte et des couches de matières grasses. Mélangée à l'huile végétale, la graisse d'oie imprègne de sa saveur délicate les pastelitos. Pour réussir parfaitement cette recette, il est impératif de surveiller la "cuisson". L'huile ne doit pas être trop chaude. Pour donner aux pastelitos leur forme caractéristique en accordéon, utilisez deux fourchettes pour détacher chaque feuille de pâte.

Dans la communauté juive de Tanger, la farce de viande hachée est appelée miga. Riche en parfum, cette dernière accorde à la noix de muscade une place de choix.

Originaire des Îles Mollusques, cette épice possède une saveur chaude et douce. Son enveloppe écarlate qui recouvre le noyau renfermant la noix est aussi utilisée. Aplatie puis séchée au soleil, elle est présentée en poudre ou en lamelles sous le nom de macis. Sa saveur rappelle celle de la cannelle et du poivre.

Présent également dans cette farce, le curcuma, très usité dans la gastronomie orientale, est une plante herbacée dont la variété la plus appréciée provient du Bengale. Parfois présenté comme le "safran du pauvre", sa saveur légèrement amère, teinte et parfume les plats. Il se marie à merveille aux préparations mijotées. En compagnie d'autres épices, il s'exalte et attend une longue cuisson pour délivrer ses arômes spécifiques.

Les pastelitos de ojas se savourent en entrée chaude. Cette spécialité s'avère idéale pour les repas de fête.

Préparez la farce en disposant dans une casserole, la viande hachée de bœuf avec l'oignon râpé, le persil haché, les feuilles de laurier, le macis, la noix de muscade en poudre, le curcuma. Salez, poivrez. Recouvrez d'eau. Faites cuire jusqu'à ce que la viande soit sèche.

Préparez la pâte des pastelitos en cassant les 3 œufs dans un saladier. Ajoutez 6 c. à s. d'huile végétale, 6 c. à s. d'eau, le sel, le bicarbonate. Au fur et à mesure, incorporez 360 g de farine. Mélangez avec les doigts et travaillez la préparation jusqu'à l'obtention d'une pâte consistante.

Faites fondre la graisse d'oie et mélangez-la avec 10 cl d'huile végétale. Sur un plan de travail fariné, étalez la pâte à l'aide d'un rouleau à pâtisserie. Avec un pinceau, imbibez cette dernière du mélange graisse et huile. Saupoudrez-la de farine.

de ojas

VICTORIA BERDUGO

Cuisson : 30 min

Repliez la pâte sur elle-même en 3 parties égales. Remettez de la graisse puis de la farine. Abaissez la pâte en sens inverse. Faites encore 4 tours en ajoutant à chaque fois de la graisse et en saupoudrant de farine.

Égalisez la pâte feuilletée. Placez 3 boulettes dans le sens de la largeur. Recouvrez-les de pâte. Pincez les bords en suivant le contour des boulettes. Découpez et farinez.

Faites chauffer l'huile de friture. Posez les pastelitos. À l'aide de 2 fourchettes, entrouvrez la pâte pour l'effeuiller. Dressez dans un plat les pastelitos de ojas.

M'HAMED CHAHID

Petites courgettes

6 personnes ★★ **Préparation : 25 min**

12 petites courgettes rondes
1 kg de sardines
100 g d'ail
1 botte de coriandre
1 botte de persil plat
1 cuillère à café de cumin en grains
1/2 cuillère à café de piment de Cayenne

150 g de concentré de tomates
250 g de tomates fraîches
1/2 cuillère à café de paprika
10 cl d'huile de table
Sel
Poivre

Les petites courgettes aux sardines s'inspirent des nombreuses recettes de succulents farcis marocains : tomates, courgettes, poivrons et aubergines sont souvent remplis de riz parfumé à la coriandre, persil et olives dénoyautées. Dans ce plat, M'hamed Chahid vous propose de réaliser une garniture plus originale mêlant cette fois chair de sardines, persil, coriandre, ail et épices.

Ouverte sur l'Atlantique, la ville de Safi est un grand port sardinier. À longueur d'année, les navires marocains ramènent des millions de petits poissons argentés. Les nombreuses usines de Safi et d'Agadir les valorisent sous forme de conserves à l'huile végétale, à l'huile d'olive, à la sauce tomate… Cependant, certains préfèrent celles qui sont pêchées au nord du Maroc, en Méditerranée. Selon notre chef, elles sont plus petites, moins grasses et comportent moins d'arêtes que leurs cousines de l'Atlantique. Très abondante au Maroc, la sardine demeure le poisson le plus économique, à la portée de toutes les bourses. Il est donc très courant de l'intégrer dans des farces ou de la transformer en boulettes ou *kefta*, que l'on fait mijoter dans une sauce tomates. Une autre recette très appréciée consiste à alterner filets de sardines et sauce *chermoula* en une sorte de sandwich, pané puis frit. Au bord de la plage, les Marocains aiment aussi les embrocher sur des roseaux et les faire cuire à la braise.

Notre chef choisit pour sa recette des petites courgettes rondes d'un beau vert vif uniforme. Cette variété marocaine est très décorative pour réaliser des farcis. Également présentes au Maroc, les courgettes allongées servent en revanche à préparer des salades, des garnitures de viande ou de couscous. Pour la décoration finale, n'hésitez pas à déposer sur le fond de sauce quelques fines lanières de poivron jaune.

Étêtez les sardines. Ouvrez-les dans la longueur, videz-les. Retirez l'arête centrale puis éliminez-la. Enlevez la peau.

Dans le bol du robot-mixeur, versez persil, coriandre, 80 g d'ail et la chair de sardines. Assaisonnez de paprika, piment de Cayenne, cumin, sel et poivre. Mixez le tout jusqu'à obtention d'une farce.

Coupez la queue des courgettes. Faites-les blanchir 5 min à l'eau bouillante. Rafraîchissez-les sous l'eau froide. Coupez le sommet et conservez le chapeau obtenu. Évidez les courgettes à la cuillère.

farcies aux sardines

M'HAMED
CHAHID

Cuisson : 30 min

Disposez toutes les courgettes sur une planche. Avec une petite cuillère, remplissez chacune d'elles de farce aux sardines.

Versez un peu d'huile dans un sautoir. Faites revenir quelques lamelles d'ail dans l'huile chaude. Ajoutez les tomates fraîches concassées, le concentré de tomates, sel et poivre. Faites revenir à feu vif.

Recouvrez les courgettes farcies avec leur chapeau. Déposez-les dans la sauce aux tomates. Enfournez 20 min à 240°C.

VICTORIA
BERDUGO

Petits parmentiers

4 personnes ★ **Préparation : 40 min**

1,5 kg de pommes de terre bindje
50 g de farine de matzah ou de semoule fine
5 œufs
1 cuillère à café de sucre semoule
1 pointe de cannelle en poudre
1/2 citron
Huile de friture
Sel

Farce :
1 kg de viande hachée de bœuf
1 oignon
1/2 botte de persil
1/2 cuillère à café de muscade en poudre
1/2 cuillère à café de macis
2 feuilles de laurier
1 pincée de pistils de safran
1 cuillère à café d'huile végétale
Sel
Poivre

Pessah, la Pâques juive, commémore l'exode des enfants d'Israël et la fin de l'esclavage en Égypte. Cette fête primordiale du calendrier hébraïque est vécue dans chaque foyer avec ferveur. En souvenir de cet épisode majeur relaté dans la Thora, les juifs ne doivent en aucun cas consommer un aliment à base de pâte levée, comme leurs ancêtres le firent avant eux.

À l'occasion de Pessah, chaque intérieur est soigneusement nettoyé afin d'ôter la moindre parcelle de levain, hamets. Ce rituel prescrit à la communauté de présenter à table uniquement du pain non levé, matzah.

Au Maroc, la communauté juive de Tanger confectionnait au moment de la Pâques, de petits parmentiers. Cette purée de pommes de terre, réalisée sans ajout de laitage, est façonnée en dômes. Garnis d'une farce délicieuse, composée de viande de bœuf hachée cacher, oignon, muscade, macis, laurier, huile végétale, sel et poivre, les petits parmentiers sont avant tout destinés aux enfants.

Très riche et consistante, cette spécialité juive tangéroise compense généreusement le manque d'aliments à base de pâte levée. Pour Pessah, la semoule est donc remplacée par de la farine de matzah. Cette dernière, généralement moulue à partir du blé dont le grain a été préservé du contact de l'eau, est très employée pendant cette fête.

Pour réaliser la purée, préférez les pommes de terre "bintje". Cette variété oblongue et jaune est surtout présente sur les étals de septembre à mai. Il est impératif de faire frire les dômes au dernier moment.

Très parfumés, les petits parmentiers dévoilent le goût du macis, épice peu courante. Présentée en poudre ou en lamelles, cette enveloppe écarlate de la noix de muscade, aplatie et séchée au soleil, possède une saveur proche de la cannelle et du poivre.

Délicieux, les petits parmentiers de Pessah se dégustent en entrée chaude. Débordant d'originalité, ils méritent vraiment d'etre découverts.

Préparez la farce en épluchant l'oignon et râpez-le. Hachez le persil. Épluchez pour le parmentier les pommes de terre et faites-les cuire dans de l'eau salée. Lavez le 1/2 citron, râpez l'écorce et réservez.

Mettez en cuisson la viande hachée avec 1 c. à c. d'huile végétale. Recouvrez d'eau. Ajoutez le persil, l'oignon, le laurier, la poudre de muscade, le macis et les pistils de safran. Salez, poivrez. Faites cuire jusqu'à évaporation totale de l'eau.

Quand les pommes de terre sont cuites, confectionnez la purée. Ajoutez l'écorce du citron râpé, le sucre et la cannelle en pou-dre. Pétrissez le mélange avec les mains. Faites cuire dans de l'eau salée 2 œufs. Écalez-les et réservez.

de pessah

VICTORIA BERDUGO

Cuisson : 40 min

Travaillez, avec les mains, la purée en lui donnant la forme de petites boules. Creusez-les.

Coupez en gros morceaux les œufs durs. Garnissez les boules de purée évidées avec la farce de la viande, disposez dessus un morceau d'œuf dur. Façonnez les parmentiers en leur donnant une forme conique.

Cassez 3 œufs et battez-les. Enveloppez les dômes de la farine de matzah ou de semoule. Humectez-les d'œufs battus. Chauffer l'huile de friture et disposez les dômes dans la poêle. Faites-les frire jusqu'à coloration. Dressez les parmentiers.

LAHOUSSINE BEL MOUFID

Poivrons et fèves marinés,

4 personnes ★ **Préparation : 35 min**

4 poivrons rouges
500 g de fèves fraîches
250 g de fromage de chèvre frais
1 cuillère à café d'origan séché
1 cuillère à soupe d'huile d'olive
Sel

Marinade :
1 citron
4 gousses d'ail
2 cuillères à soupe d'origan séché
3 cuillères à soupe d'huile d'olive
Sel
Poivre

Décoration :
Thym
Feuilles de persil

Très originale, cette entrée, proposée par notre chef, ne manque pas de caractère. Facile à réaliser, elle se compose uniquement de produits typiquement marocains.

Les poivrons et fèves marinés, mousse de chèvre se dégustent principalement l'été. Très rafraîchissant, ce mets, regorgeant de saveurs méditerranéennes, est aromatisé à l'origan. Cette plante sauvage, qui pousse dans le Rif et l'Atlas est une variété de marjolaine. Son parfum puissant, allié à l'huile d'olive, se marie idéalement au fromage de chèvre frais.

Appelé *jban*, en langue marocaine, ce dernier doit se consommer rapidement. N'ayant subi aucun affinage et fermentation, il se caractérise par une saveur douce ou légèrement acidulée. Selon vos goûts, vous pouvez éventuellement le remplacer par de la *ricotta*, fromage italien très réputé.

Particulièrement appréciées des Méditerranéens, les fèves, cultivées au Maroc, dans la région de Sefrou, Moyen Atlas, offrent à cette entrée, leur douceur caractéristique. Ces légumes de printemps et d'été se consomment crus ou cuits, en salade. Originaires de Perse, les fèves sont des légumineuses extrêmement nourrissantes. Lorsqu'elles sont jeunes, il est inutile d'enlever la peau.

En revanche, il est impératif de peler les poivrons, après les avoir passés au gril. Ces fruits du piment doux possèdent une chair épaisse et une saveur suave. Assez fragiles, ils se conservent difficilement. Choisissez-les bien durs, lisses, le pédoncule assez vert et rigide sans taches, ni flétrissures.

Originaires d'Amérique latine, les poivrons rouges sont riches en vitamines A et C. Marinés dans l'ail, jus de citron, huile d'olive, origan, sel et poivre, ces derniers rehaussent avec finesse cette entrée succulente.

Dans les assiettes, ce mets ensoleillé rappelle les parfums de la Méditerranée.

Faites griller les poivrons en position gril, entre 10 et 15 min. Pelez-les et épépinez-les.

Coupez les poivrons en julienne. Pressez le citron de la marinade et réservez le jus.

Préparez la marinade en versant dans un saladier le jus de citron réservé. Ajoutez l'origan séché, les gousses d'ail écrasées, l'huile d'olive. Salez, poivrez. Mélangez.

mousse de chèvre

LAHOUSSINE
BEL MOUFID

Cuisson : 15 min

Marinade des poivrons : 30 min

Disposez délicatement les poivrons dans la préparation et faites-les mariner 30 min.

Écossez les fèves. Faites-les blanchir dans de l'eau salée, environ 2 min. Rafraîchissez-les dans de l'eau glacée. Enlevez-leur la peau, émincez-les et faites-les mariner avec les poivrons.

Dans un bol, écrasez le fromage de chèvre avec l'origan et l'huile d'olive. Mélangez. À l'aide de 2 cuillères à soupe confectionnez des quenelles, décorez-les de fèves. Dressez-les ensuite sur votre salade de poivrons et de fèves et émiettez du thym.

MOHAMED TASTIFT

Salade

4 personnes ★ **Préparation : 25 min**

120 g d'aubergines
100 g de tomates
120 g de courgettes
80 g de poivrons verts et rouges
2 oignons
1 botte de coriandre fraîche

1/2 botte de persil
2 gousses d'ail
1 cuillère à café de paprika
2 cuillères à soupe d'huile d'olive
Sel
Poivre

La région du Sous, située dans le Sud du Maroc, est réputée pour ses cultures maraîchères. Autrefois, les légumes de saison devaient être consommés rapidement. Les femmes Berbères confectionnaient alors une salade composée d'aubergines, courgettes, tomates et poivrons. Elles profitaient aussi des beaux jours pour se munir de ces précieux légumes. Mis à sécher, puis entreposés dans les maisons, ces derniers étaient ensuite utilisés durant l'hiver pour préparer les couscous.

Aujourd'hui, cette salade berbère se déguste en entrée tiède ou pour accompagner le couscous. Facile à réaliser, cette recette s'avère très rafraîchissante.

L' aubergine, originaire de l'Inde, est consommée en Asie depuis plus de 2500 ans. La variété la plus connue est la pourpre foncée de forme allongée. De saveur affirmée, les aubergines participent à de nombreux apprêts orientaux et méditerranéens qui les marient souvent aux tomates, courgettes, olives et ail.

Choisissez-les sans taches, la peau lisse, intacte et ferme. Évitez les aubergines trop grandes ; elles sont souvent remplies de graines.

Ce conseil est également valable pour les courgettes. Préférez-les petites et très dures y compris aux extrémités. La coupe de la tige doit être fraîche et non fripée. Plus la courgette est grosse, moins sa chair est tendre. La couleur doit toujours être uniforme. Dans cette recette, les courgettes se préparent avec la peau. Notre chef vous recommande de les gratter légèrement avant de les faire cuire.

Quant aux tomates, originaires du Pérou, elles doivent être plongées quelques minutes dans de l'eau bouillante. Cette opération permet de les peler facilement.

Délicieuse, la salade berbère se déguste principalement l'été. Dans les assiettes, elle dévoile admirablement les couleurs et les parfums du sud marocain...

Mondez les tomates pour les peler. Coupez-les en fines lamelles ainsi que les poivrons rouges et verts, les courgettes et les aubergines.

Émincez les oignons. Hachez le persil et la coriandre. Écrasez les gousses d'ail.

Faites suer les oignons émincés avec 2 c. à s. d'huile d'olive. Ajoutez le paprika. Salez, poivrez.

berbère

MOHAMED
TASTIFT

Cuisson : 30 min

Ajoutez les lamelles de courgettes, aubergines et poivrons. Versez un peu d'eau. Faites cuire à couvert et à feu doux, environ 15 min.

Disposez les lamelles de tomates dans la préparation.

Ajoutez le persil et la coriandre hachés et les gousses d'ail écrasées. Laissez cuire, environ 10 min. Dressez la salade berbère dans les assiettes.

AMINA
KHAYAR

Salade de foie

4 personnes ★ **Préparation : 25 min**

500 g de foie de veau
150 g de farine
Huile de friture

Chermoula :
2 gousses d'ail
1/2 bouquet de persil
1 pincée de gingembre moulu
1 pincée de paprika
1 filet de vinaigre blanc
1 citron frais
Sel
Poivre

Sauce :
500 g de tomates
2 cuillères à soupe de concentré de tomates
2 gousses d'ail
1/2 bouquet de persil
1 pincée de paprika
1 pincée de gingembre moulu
1 pincée de cumin
Sel
Poivre

Décoration :
1 citron confit
20 olives rouges

La marinade appelée *chermoula* est une véritable institution sur les tables marocaines. Ce mélange coloré et relevé de persil, coriandre, ail, cumin, paprika, jus de citron, vinaigre blanc et huile d'olive connaît de multiples usages : marinade, sauce, farce...

Outre l'assaisonnement des petits cubes de foie de veau servis frais sous forme de salade, la marinade proposée par notre chef peut aussi agrémenter la cervelle de veau ou d'agneau, ainsi que les légumes pochés à l'eau salée et citronnée : courgettes, carottes ou chou-fleur s'accommoderont avec bonheur d'une *chermoula* que l'on aura fait réduire légèrement sur le feu.

Le foie de veau est naturellement recouvert d'une pellicule blanchâtre et terne, qui doit être enlevée avant de le trancher. Amina Khayar le plonge ensuite dans une grande quantité d'huile de table très chaude, ce qui l'apparente plus à une friture qu'à un simple poêlage. Ensuite, elle détaille le foie en languettes, qu'elle pose côte à côte pour découper plus de petits cubes en même temps. Lorsqu'elle les verse dans la sauce tomates, chaque élément est déjà cuit. Il s'agit donc d'un assemblage, et non d'une dernière cuisson. Trop prolongée, celle-ci rendrait le foie trop dur.

Si le temps vous manque, vous pouvez vous faciliter la tâche en employant la méthode suivante, sans paner ni frire le foie. Enlevez la peau en surface et coupez-le en dés. D'autre part, faites revenir dans une poêle un mélange d'ail écrasé, coriandre et persil hachés, cumin, paprika, vinaigre, huiles d'olive et d'arachide et olives rouges. Lorsque la sauce est réduite, ajoutez le foie et faites-le cuire en remuant.

Amina Khayar propose toujours la salade de foie en *chermoula* sous forme d'entrée froide, au milieu d'un assortiment de légumes marinés. Elle la décore joliment avec des lamelles de citron confit et des olives rouges.

Hachez le persil. Pressez le jus du citron. Épluchez l'ail, coupez-le en deux puis écrasez-le. Dans un saladier, mélangez persil, ail pilé, jus de citron, sel, poivre, vinaigre blanc, gingembre et paprika jusqu'à obtention d'une "chermoula".

Posez le foie sur une planche à découper. Émincez-le dans la largeur, en tranches d'1 cm.

Disposez les tranches de foie dans la terrine de chermoula. Laissez mariner 30 min.

en chermoula

AMINA
KHAYAR

Cuisson : 25 min

Marinade du foie : 30 min

Faites chauffer 20 à 30 cl d'huile de friture dans une grande poêle. Passez chaque tranche de foie marinée dans une assiette de farine, sur les deux faces. Poêlez le tout 2-3 min de chaque côté.

Égouttez le foie frit sur du papier absorbant. Sur une planche à découper, détaillez-le en petits cubes. Mondez, épluchez puis concassez les tomates. Épluchez et pilez l'ail.

Mélangez dans une casserole ail pilé, persil haché, tomates concassées et concentré, sel, poivre, gingembre, cumin et paprika. Faites réduire la sauce. Ajoutez le foie, mélangez un instant sur le feu. Laissez refroidir. Décorez d'olives et citron.

ABDELMALEK
EL MERAOUI

Salade de fruits de mer

4 personnes ★ **Préparation : 20 min**

650 g de crevettes roses moyennes
650 g de moules
1 citron frais
200 g d'olives noires
Sel

Chermoula :
10 cl d'huile d'argane
1 botte de persil

1 botte de coriandre
1 gousse d'ail
1/2 citron confit
2 citrons frais
1 pincée de paprika
1 pincée de colorant safran
1 pincée de cumin moulu
Sel
Poivre noir

Sur les tables marocaines, les salades les plus répandues sont à base de légumes cuits ou crus : poivrons grillés en chakchouka, aubergines ou potiron confit zaalouk, salades de pommes de terre, betteraves, carottes... Notre chef vous présente ici une préparation froide très raffinée : des moules et crevettes mijotées dans une sauce chermoula très relevée. Vous pouvez également l'enrichir de palourdes, de gambas ou de crevettes royales.

Les Marocains disposent sur le marché d'une grande variété de crevettes, mais ce sont les crevettes roses moyennes qui sont les plus utilisées. Toute l'année, les ports d'Agadir et de Safi fournissent la plus grande partie des crustacés du pays.

Une fois cuite dans la chermoula, notre préparation de fruits de mer peut être déclinée de multiples manières : mélangée à des vermicelles chinois, elle farcira une délicieuse dorade, ou tout simplement les fameuses briouates marocaines.

Vous pouvez même la transformer en pastilla de la mer : dans un moule, alternez feuilles de pastilla beurrées et mélange aux fruits de mer, et faites dorer au four.

Pour réaliser cette salade, notre chef a choisi des moules d'élevage de Oualidia, près de El-Djadida. Grosses et charnues, ce sont les meilleures moules que l'on puisse trouver actuellement au Maroc. Néanmoins, certains récoltent encore la variété sauvage sur les côtes rocheuses de Oualidia.

L'huile d'argane utilisée pour faire revenir la chermoula est unique au sud-ouest du Maroc. Elle provient d'une baie sauvage d'une couleur allant du jaune au brun clair, dont la taille varie de la grosseur d'une olive jusqu'à celle d'une noix. Récoltées de juin à août, les arganes sont composées d'une pulpe charnue et d'un noyau dur qui renferme des graines oléagineuses. Dans les villages du Sous, ces dernières sont encore pressées de façon traditionnelle.

Épluchez l'ail. Hachez-le ainsi que le persil, la coriandre et le citron confit.

Faites ouvrir les moules à la vapeur ou dans l'eau bouillante. Rafraîchissez-les pour stopper la cuisson. Ouvrez-les et récupérez la chair. Pochez les crevettes à l'eau salée additionnée de tranches de citron frais, puis décortiquez-les.

Nappez le fond d'une grande poêle avec de l'huile d'argane. Versez le persil, la coriandre, l'ail, le demi-citron confit et le jus de deux citrons frais et mélangez pour obtenir une "chermoula".

à la chermoula

ABDELMALEK
EL MERAOUI

Cuisson : 45 min

Salez et poivrez la chermoula. Ajoutez du paprika, du colorant safran et du cumin. Laissez cuire 10 min, en remuant.

Versez les crevettes dans la chermoula. Faites revenir un instant en remuant à la spatule.

Ajoutez les moules dans la sauce. Mélangez. Faites cuire 15 min. Laissez refroidir. Disposez la salade sur un plat de service, décorez de petits morceaux d'olives noires et servez frais.

ABDELMALEK
EL MERAOUI

Salade d'épinards

4 personnes ★ **Préparation : 30 min**

2 kg d'épinards frais en branches
10 cl d'huile d'argane
1 botte de persil
1 botte de coriandre
1 gousse d'ail
1 pincée de pistils de safran
1 pincée de cumin moulu

1 pincée de paprika
1 citron confit
250 g de tomates fraîches
200 g d'olives rouges
Sel
Poivre noir

La salade de légumes feuilles à l'huile d'argane est populaire à travers tout le Maroc. Dans les campagnes, on la prépare volontiers à base de feuilles de mauve, plante sauvage qui croît dans les haies et les bordures de chemin. Tandis que dans les restaurants, les cuisiniers emploient des épinards frais, bien plus faciles à se procurer sur le marché. C'est une excellente salade d'hiver, qui est proposée froide en guise d'entrée.

Légumes très répandus à travers le monde, les épinards font l'objet d'une assez faible consommation au Maroc. Ils sont généralement valorisés sous forme de salade ou en garniture, associés à du riz. Notre chef a relevé leur saveur en les faisant mijoter dans une sauce *chermoula*. Les plus gourmands pourront y rajouter selon leur inspiration des cubes de poisson à chair blanche (pageot, lotte, saint-pierre...), des crevettes ou même des petits morceaux de viande de bœuf ou d'agneau cuits et ciselés.

En l'assaisonnant à l'huile d'argane, Abdelmalek El Meraoui confère à sa salade un accent typique du Sous, région du sud-ouest marocain proche d'Agadir. Dans ces contrées montagneuses, la fabrication de ce produit est restée très familiale et traditionnelle. Aussi, c'est au prix d'un labeur acharné que les femmes Soussi arrivent à extraire à peine un litre d'huile au bout de 10 heures de préparation.

Après avoir fait sécher les arganes récoltées sur des arbres sauvages, elles les écrasent pour séparer la pulpe du noyau. Puis vient l'opération la plus fatigante : chaque noyau est concassé entre deux pierres pour récupérer les graines qui se trouvent à l'intérieur. Ces dernières sont ensuite torréfiées pour leur apporter un petit goût de noisette, puis écrasées entre des meules de pierre. La pâte est malaxée avec de l'eau tiède et enfin pressée. Cent kilogrammes de fruits séchés donnent en moyenne 3,3 litres d'huile.

Rincez les épinards sous l'eau courante. Hachez-les grossièrement au couteau. Faites-les cuire à la vapeur pendant une dizaine de minutes. Laissez tiédir.

Pressez les épinards un peu refroidis entre vos mains, en une grosse boule pour extraire le maximum de jus.

Préparez la chermoula : dans un sautoir, versez huile d'argane, persil et coriandre hachés, ail pilé, sel, poivre, safran, cumin, paprika et petits cubes de citron confit. Laissez mijoter sur le feu, tout en mélangeant.

à l'huile d'argane

ABDELMALEK EL MERAOUI

Cuisson : 25 min

Mondez 200 g de tomates en les plongeant dans une casserole d'eau bouillante. Ouvrez-les en deux. Épépinez-les. Détaillez-les en quartiers puis hachez-les. Hachez également les olives rouges.

Lorsque la chermoula est bien fondue et réduite, ajoutez-lui la concassée de tomates. Laissez fondre les tomates environ 5 min sur le feu, en mélangeant.

Ajoutez alors les épinards hachés dans la chermoula. Faites revenir un instant à feu vif, en remuant. Ajoutez au dernier moment les olives hachées. Décorez avec les tomates restantes et servez bien frais.

AMINA
KHAYAR

Salade de tomates

5 personnes ★ **Préparation : 30 min**

1 kg de tomates
5 ou 6 bâtons de cannelle
500 g de sucre semoule
10 cl d'eau de fleur d'oranger

20 cl d'huile d'arachide
2 g de sel fin
1 g de pistils de safran
1 pincée de colorant safran

Les champs et les serres marocains produisent facilement des tomates toute l'année. Très simples à préparer, les tomates confites peuvent donc être réalisées en toutes occasions. Au final, vous obtiendrez des légumes au coloris rouge intense, d'une saveur et d'une texture très étonnante qui rappelle les plus merveilleuses compotées d'abricots séchés.

Les Marocains aiment consommer ces tomates confites, froides ou tièdes comme une salade, au milieu d'un assortiment de kémia. Elles ont le mérite d'être à la fois décoratives et d'apporter une note sucrée. De plus, elles se conservent facilement trois à quatre jours au réfrigérateur. Ils les utilisent également pour décorer un tajine de poulet aux oignons, cannelle et gingembre.

Il faut dire que les gourmets marocains ont développé un véritable art du confisage : sur leur palais se succèdent à la fois des confits salés d'olives noires, rouges ou vertes, de citrons, de petits oignons, de viande de bœuf (le khlii), de piment et poivrons ; et des confits sucrés de tomates, haricots secs, pruneaux, figues, poires et pommes... Miel et sucre se lient d'amitié pour enrober avec douceur tous ces fruits et légumes.

Vous réaliserez la meilleure recette en choisissant de belles tomates rondes et très rouges, de taille moyenne. Elles doivent être bien fermes et contenir peu de jus. Ceci est d'autant plus important que l'on va rajouter des liquides : l'eau de fleur d'oranger et l'huile. Après les avoir épluchées, égouttées et débarrassées des pépins, il doit encore rester une bonne quantité de chair.

Dans les salades marocaines, l'eau de fleur d'oranger se marie aisément aux légumes. Les kémia comportent fréquemment des concombres râpés marinés au vinaigre blanc, sucre semoule et eau de fleur d'oranger. Cette dernière parfume aussi les salades de carottes sucrées-salées, bien relevées de persil, coriandre, sucre, jus de citron, ail et piment fort.

Enlevez le pédoncule des tomates. Fendez la chair en croix à l'extrémité opposée. Faites chauffer une grande casserole d'eau. Plongez les tomates dedans. Lorsque la peau se soulève, retirez-les de l'eau avec une écumoire.

Rafraîchissez aussitôt les tomates dans un récipient d'eau glacée. Avec un petit couteau, soulevez délicatement leur peau, et retirez-la complètement.

Coupez toutes les tomates dans le sens de la largeur, en deux moitiés égales. Éliminez le maximum de pépins.

confites

AMINA
KHAYAR

Cuisson : 45 min

Sur la plaque du four, disposez chaque moitié de tomate avec le côté bombé en-dessous.

Dispersez sur les tomates du sel, du colorant safran, les pistils de safran et les bâtons de cannelle.

Ajoutez le sucre, un large filet d'eau de fleur d'oranger et l'huile d'arachide. Recouvrez avec un grand morceau de papier d'aluminium. Faites confire au four à 150°C, pendant 45 min. Servez tiède ou froid.

MOHAMMED
AITALI

Salade de tomates

4 personnes ★ **Préparation : 20 min**

400 g de tomates moyennes
175 g de poivrons verts
175 g de poivrons rouges
1/2 botte de coriandre fraîche
50 g de persil plat
10 g d'ail
1 pincée de cumin en poudre
5 cl d'huile d'olive
25 g de citron confits

Sel
Poivre
Huile de friture

Décoration :
50 g d'olives noires
2 œufs
Feuilles de coriandre

Très rafraîchissante et colorée, la salade de tomates et poivrons est la plus couramment servie à travers tout le Maroc. Les cuisiniers marocains confectionnent habituellement deux grands types de salades : les taktouka, préparations cuites qui comportent, au choix, des tomates, poivrons, courgettes ou aubergines frites, et des carottes, patates douces ou pommes de terre bouillies assaisonnées à l'ail et au persil. Dans les salades crues, les légumes sont simplement émincés et marinés dans l'huile d'olive persillée.

Lorsque vous réaliserez cette entrée froide, vous pourrez employer selon votre goût de gros poivrons renflés, ou bien des fins de forme allongée. De nos jours, les poivrons marocains sont présents toute l'année, même si la meilleure saison se situe en avril-mai. Au début de leur maturité, ils présentent une couleur vert vif, et les Marocains s'empressent de les incorporer dans leur cuisine. En mûrissant, ils virent au rouge vermillon et leur saveur est plus sucrée.

L'agriculture marocaine produit également en abondance d'excellentes tomates : en grappe, de serre, tomate cerise ou encore olivette, utilisée pelée pour les conserves. Les Marocains apprécient tout particulièrement la variété locale melsa, à gros fruit bien lisse. Elle se prête à la réalisation de salades crues ou cuites, ainsi qu'à la confection de la harira, fameuse soupe "nationale" marocaine indispensable aux festivités du Ramadan.

Quelques cubes de citron confit parfument la salade et la ponctuent de leur éclat jaune vif. C'est au mois de juin que les petits citrons mrakad ou beldi, aux deux extrémités aplaties sont mûrs à point pour réaliser des conserves. L'opération consiste à les enduire généreusement de sel, puis à les laisser mariner en bocal pendant un mois.

Équeutez les tomates. Fendez le sommet en croix. Mondez-les à l'eau bouillante. Quand leur peau commence à se soulever, sortez-les de l'eau avec une araignée. Rafraîchissez-les dans un récipient d'eau glacée. Enlevez la peau, coupez en cubes.

Faites durcir les œufs 10 min à l'eau bouillante. Faites chauffer l'huile de votre bassine à friture. Plongez les poivrons rouges et verts dans l'huile brûlante, jusqu'à ce que la peau se décolle. Laissez refroidir. Épluchez les œufs durs.

Pelez les poivrons. Tranchez-les en deux dans la longueur. Avec la pointe du couteau, éliminez les côtes et tous les petits pépins. Détaillez la chair en petits cubes.

et poivrons à la marocaine

MOHAMMED
AITALI

Cuisson : 15 min

Sur une planche, ciselez ensemble la coriandre fraîche et le persil. Épluchez et hachez l'ail. Coupez le citron confit en petits dés.

Dans un saladier, mélangez les poivrons, les herbes hachées, l'ail et le citron confit. Salez, poivrez et ajoutez une pincée de cumin.

Arrosez la salade d'un filet d'huile d'olive. Mélangez. Disposez-la dans un plat de service. Décorez avec des moitiés d'olives, des morceaux d'œufs durs et des petites feuilles de coriandre.

BOUCHAÏB KAMA

Salade kemia

4 personnes ★ **Préparation : 20 min**

Purée d'aubergines :
2 aubergines
2 tomates
2 gousses d'ail
1 oignon
Paprika
Cumin
Huile d'olive

Salade de la mer
100 g de calamars
100 g demaigre
1 oignon
Huile d'olive
Safran 1 citron
Sel, poivre

Saladetomate poivron verts:
2 poivrons
2 tomates
2 gousses d'ail
5 branches de coriandre
5 branches de persil
Cumin
Huile d'olive
Vinaigre blanc
Sel, poivre
Huile de friture

Salade de courgette :
1 courgette
1 oignon
1 gousse d'ail
Safran

Paprika
Huile d'olive

Salade de concombre :
1 concombre
1 tomate
4 branches de persil
1 oignon
Cumin
Huile d'olive
Vinaigre blanc
Sel
Poivre

Salades de poivrons rouges et jaunes :
2 poivrons jaunes et rouges
2 oignons
2 gousses d'ail
8 branches de persil
2 c à s d'huile d'olive
Sel Poivre

Salade de carottes :
2 carottes
Paprika
Cumin
4 branches de persil
4 branches de coriandre
1 filet de vinaigre blanc
Huile d'olive
Sel
Poivre

La plupart des Marocains ne sauraient accueillir leurs invités sans leur proposer un assortiment de kemia fraîches et colorées, présentées dans des petites assiettes. L'hôte installe les coupelles de kemia autour de la table et pose le plat chaud au centre. Tout en dégustant ce dernier, les convives vont piquer de ci, de là, à la petite cuillère dans les différentes salades, au gré de leurs envies... Pour les accompagner, tous disposent en abondance de l'indispensable pain marocain rond et plat.

Cet ensemble de salades illustre à merveille la richesse des potagers marocains. Et pourtant, tomates, piments, poivrons et courgettes n'ont été ramenés d'Amérique qu'au XVIe siècle par les Conquistadores. L'aubergine, elle, faisait les délices des Indiens, puis des Persans bien avant de régaler les Marocains, à partir du XVe siècle.

Dans notre salade, le chef a haché les calamars puis les a fait sauter à cru, dans de l'huile d'olive. Mais vous pouvez également les pocher à l'eau bouillante citronnée. Rafraîchissez-les immédiatement dans de l'eau glacée pour qu'ils restent bien tendres. Le maigre quant à lui, est un grand poisson à chair très fine de la même famille que l'ombrine. Il vit aussi bien dans l'Atlantique qu'en Méditerranée.

Comme toutes les cuisines du bord de la Méditerranée, la gastronomie marocaine est fortement imprégnée des saveurs et bienfaits de l'huile d'olive. De nombreuses espèces d'olives sont employées pour la fabriquer. Traditionnellement, les fruits sont broyés dans un moulin, sous une grosse roue de pierre inlassablement entraînée par un âne ou un cheval.

Purée d'aubergines : pochez les aubergines avec les tomates, l'ail et l'oignon. Passez-les au mixeur jusqu'à obtention d'une purée. Sur feu doux, faites-la revenir dans 2 c. à s. d'huile d'olive avec 1 pincée de paprika et de cumin. Laissez refroidir.

Salade de la mer : videz et détaillez les calamars. Faites suer, dans 1 c. à s. d'huile d'olive, 1/2 oignon parsemé de sel, poivre et 1 pincée de safran. Ajoutez les calamars, laissez dorer. Idem avec le maigre. Dans chacune, ajoutez le jus d'1/2 citron.

Salade tomates-poivrons verts : passez les poivrons en friture, épluchez-les et hachez-les. Mondez, épluchez, hachez les tomates, ainsi que coriandre, persil et ail. Mélangez tomates, poivrons, persil, coriandre, sel, poivre, 1 pincée de cumin, ail, 1 filet d'huile et de vinaigre.

terre-mer

BOUCHAÏB
KAMA

Cuisson : env. 40 min

Salades de courgette et concombre : coupez la courgette en dés. Faites revenir dans 2 c. à s. d'huile, oignon et ail hachés, ajoutez les dés de courgette au safran et paprika. Mélangez dés de concombre et tomate, persil et oignon hachés, cumin, sel, poivre, huile et vinaigre.

Salades de poivrons rouges et jaunes : faites revenir dans l'huile 1 oignon et 1 gousse d'ail hachés. Salez et poivrez. Faites fondre les poivrons rouges dedans, et parsemez avec la moitié du persil haché. Préparez la même salade avec les poivrons jaunes.

Salade de carottes : coupez les carottes en bâtonnets, pochez-les à l'eau salée. Égouttez. Mélangez les carottes avec sel, poivre, 1 pincée de paprika et cumin, persil et coriandre hachés, 1 filet de vinaigre et d'huile d'olive. Servez toutes vos salades bien fraîches.

ABDELLAH ACHIAI

Salade marinée

4 personnes ★ **Préparation : 15 min**

500 g de concombres
1 botte de thym frais
100 g de sucre semoule
1 cuillère à soupe d'eau de fleur d'oranger

Décoration (facultative) :
1/2 botte de menthe fraîche
Cannelle en poudre

La salade de concombres marinée au thym de l'Atlas est une entrée extrêmement rafraîchissante. Très facile à réaliser, cette recette estivale, particulièrement appréciée des habitants de Fès, ne manque pas d'originalité. Les saveurs corsées du thym se mêlent harmonieusement à la douceur du sucre et au parfum délicat de la fleur d'oranger.

Comme les courgettes et cornichons, les concombres sont les fruits d'une plante annuelle rampante de la famille des cucurbitacées. Originaires de l'Himalaya, ils possèdent une chair vert pâle, croquante et fraîche. Riche en eau, très peu énergétique, le concombre est une excellente source de potassium et vitamine C.

Reconnaissable à son aspect charnu, bien ferme, allongé et cylindrique, il doit presque toujours être pelé. En effet, sa peau se révèle souvent amère. Il existe plusieurs variétés de concombre dont celui de serre, utilisé par notre chef, pouvant être petit ou grand, à la peau lisse que l'on trouve toute l'année et celui de jardin, à la peau cloquée et à gros pépins. Avant de réaliser la salade, nous vous conseillons vivement, pour éviter toute amertume, de goûter les concombres.

Pour cette entrée, notre chef a souhaité utiliser uniquement des produits locaux. Le thym de l'Atlas pousse à l'état sauvage dans cette région du Maroc.

Offrant des paysages uniques au monde, l'Atlas tire son nom du célèbre titan de la mythologie grecque. Possédant un parfum unique, le thym de ces montagnes dévoile un parfum puissant. Les Marocains lui prêtent mille vertus dont celle de fortifier l'organisme. Vous pouvez également réaliser cette entrée avec du thym classique.

Excellente et légère, cette salade sucrée s'avère idéale à déguster lorsque le soleil est au zénith.

À l'aide d'un économe, épluchez les concombres. Réservez-en 3 pour la décoration des assiettes.

À l'aide d'une râpe, taillez les concombres en julienne.

Coupez en fines rondelles les 3 concombres réservés pour la décoration.

au thym de l'atlas

ABDELLAH
ACHIAI

Cuisson : 15 min

Entre vos doigts, émiettez le thym frais au-dessus d'une assiette.

Préparez la marinade en disposant dans le saladier, le thym émietté, le sucre et l'eau de fleur d'oranger.

Ajoutez les concombres taillés en julienne dans la marinade. Mélangez. Dressez-les au centre de l'assiette, décorez en ajoutant les rondelles de concombre.

M'HAMED
CHAHID

Salade r'jla aux citrons

6 personnes ★ **Préparation : 20 min**

6 bottes de r'jla
3 bottes de persil plat
3 bottes de coriandre fraîche
20 g d'ail
20 g de paprika doux
25 g de piment de Cayenne

20 cl d'huile d'olive
250 g d'olives rouges confites
2 citrons confits
Sel
Poivre

Les gourmets marocains sont de vrais amateurs de salades de légumes ou d'herbes fraîches colorées, dont il existe de multiples variétés. M'hamed Chahid vous a concocté une préparation plutôt originale à base d'une plante sauvage appelée r'jla, parfumée à la coriandre, au persil, au piment et au paprika. Il réalise également la même recette avec de la mauve, autre plante printanière, familière des champs de blé et des bordures de chemin. Hors saison, il vous sera plus facile d'employer des feuilles de blettes ou d'épinards. L'aspect extérieur de la salade différera légèrement, car les épinards forment une sorte de "purée" après leur passage à la vapeur, tandis que la mauve et le r'jla résistent mieux à la cuisson.

Toujours préparés en salade, les r'jla employés par notre chef appartiennent à la famille des pourpiers, dont les feuilles ont une saveur un peu acide et piquante. Leur tige, assez épaisse fait alterner des bandes vert-clair et rougeâtres. Ils portent des bouquets de petites feuilles épaisses et lisses en forme de gouttes, d'environ 2 cm de long sur 1 cm de large. Cette plante de printemps et d'été, qui croît dans les champs de blé et les vignes n'est pas commercialisée sur les marchés marocains : au bord des routes de campagne, des enfants la proposent aux automobilistes.

En fin de cuisson, notre chef agrémente son plat en ajoutant des olives rouges confites. Ces fruits symboles de la Méditerranée passent en effet par plusieurs stades de mûrissement : d'abord verts, ils prennent ensuite une teinte rouge, parfois appelée "tournante". Plus mûrs, ils se colorent de violet puis de noir. Après la cueillette, les olives rouges sont mises à macérer longuement dans un mélange de sel, de vinaigre et de jus de citron. Elles s'allient avec délices à la saveur particulière des citrons confits.

Rincez les branches de r'jla. Séparez le bout des tiges comportant les branchettes, d'avec le pied qui est un peu dur.

Posez plusieurs branchettes sur une planche à découper. Hachez-les grossièrement, au couteau.

Portez de l'eau à ébullition dans la marmite du couscoussier. Lorsqu'elle bout, versez le r'jla dans la passoire. Posez-la sur le couscoussier. Couvrez. Comptez 20 min de cuisson après la remontée de la vapeur.

et olives confits

M'HAMED
CHAHID

Cuisson : 35 min

Hachez le persil, la coriandre et l'ail. Faites revenir ce dernier dans un sautoir nappé d'huile. Salez et poivrez. Ajoutez le paprika et le piment de Cayenne.

Ajoutez persil et coriandre hachés dans le sautoir. Laissez cuire 5 min à feu assez vif, en remuant.

Incorporez enfin le r'jla cuit à la vapeur dans le mélange précédent. Faites revenir encore 5 à 6 min. Ajoutez les olives dénoyautées. Servez frais, décoré d'olives et de lanières de citron confit

KHADIJA
BENSDIRA

Tomates et poivrons

6 personnes ★ **Préparation : 20 min**

250 g de poivrons verts
300 g de tomates
3 cuillères à soupe de sucre semoule
1/2 cuillère à café de cannelle en poudre
1/2 citron
2 cuillères à soupe d'huile d'olive
Sel

Décoration :
Feuilles de menthe

Cette entrée succulente est une spécialité des villes de Fès et de Marrakech. Réputés pour leur gastronomie sucrée-salée, les Marocains préparent à longueur d'année cette salade de tomates et poivrons maaslines.

Très facile à réaliser, cette dernière peut se déguster chaude, tiède ou froide. Pour les Marocains, le sucre est un ingrédient providentiel. Gage de bonheur, ce dernier est censé apporter une vie remplie de douceur. Aussi est-il important culturellement d'offrir à ses hôtes des mets maaslines, c'est-à-dire sucrés ou miellés.

Les tomates qui composent cette salade se retrouvent dans de nombreuses préparations marocaines. Originaires du Pérou, ces dernières furent importées en Espagne au XVIe siècle par les expéditions de Christophe Colomb. Considérées à l'origine comme vénéneuses, les Européens attendirent plus de deux siècles pour les associer à leur répertoire culinaire.

Grâce à son climat exceptionnel, le Maroc ressemble à un magnifique potager où les tomates, aux saveurs douces presque sucrées, poussent en abondance. Elles doivent être bien mûres et fermes. Pour les peler, il suffit de les plonger 30 secondes dans l'eau bouillante et de retirer ensuite la peau. L'ajout de sucre pendant la cuisson réduit l'acidité de ces "légumes-fruits".

Quant aux poivrons, ils se pèlent après avoir été placés sous le gril du four. Les verts, utilisés dans cette recette, sont dotés d'une chair épaisse. Leur saveur sucrée piquante est moins douce que celle des rouges par lesquels vous pouvez les remplacer.

Notre chef ajoute le jus d'un citron au moment de dresser les tomates et poivrons maaslines dans les assiettes. Cette astuce permet d'éclaircir légèrement la couleur des légumes.

Faites griller les poivrons verts au four environ 10 min. Pelez-les.

Épépinez les poivrons et découpez-les en lamelles puis en petits rectangles.

Mondez les tomates et pelez-les. Épépinez-les et coupez-les en dés.

maaslines

KHADIJA
BENSDIRA

Cuisson : 30 min

Dans une poêle, faites revenir, environ 10 min, les dés de tomates avec 2 c. à s. d'huile d'olive. Salez.

Ajoutez les rectangles de poivrons. Faites cuire environ 10 min.

Ajoutez la cannelle en poudre et le sucre. Mélangez. Pressez le 1/2 citron. Au moment de dresser, incorporez dans la préparation le jus de citron. Décorez les assiettes avec 1 feuille de menthe.

Soupes

ABDELLAH ACHAI

Chorba aux boulettes de

4 personnes ★ **Préparation : 40 min**

4 pigeons de 450 g pièce
2 oignons
100 g de poireaux
100 g de carottes
100 g de céleri branche
1/2 botte de persil
1/2 botte de coriandre
1 œuf
100 g de vermicelles
1 cuillère à café de colorant alimentaire
2 cuillères à soupe d'huile végétale
Sel
Poivre

Fond :
1 feuille de laurier
1 branche de thym
1 gousse d'ail
1 branche de céleri
2 branches de persil
2 branches de coriandre
Sel
Poivre

Décoration :
Persil

Lorsque l'hiver arrive, les habitants de Fès consomment pour se réchauffer la *chorba* aux boulettes de pigeons et petits légumes. Délicieuse, cette soupe traditionnelle peut aussi se servir en plat principal.

Très prisé des Marocains, le pigeon dévoile une chair délicate et une saveur subtile. Considéré comme un mets de luxe, ce volatile est présent sur les étals du printemps à l'été. Préférez les pigeons fermiers à ceux d'élevage. Si vous éprouvez des difficultés pour lever les suprêmes, demandez à votre volailler de les préparer. N'oubliez pas cependant de conserver les ailerons et les carcasses pour confectionner le fond.

En effet, ce dernier relève la *chorba* de ses saveurs aromatiques, la corsant judicieusement. Réalisé avec les abattis, coriandre, persil, thym, laurier, ail et céleri, ce bouillon très parfumé est ensuite filtré.

Riche en légumes, cette soupe marocaine regorge de vitamines. Coupés en très petits dés, les poireaux dévoilent leur saveur douce et délicatement sucrée. Originaires du Moyen-Orient, ces plantes potagères, sont issues d'une variété d'ail.

La partie blanche, la plus appréciée, rehausse admirablement les plats. Nettoyez soigneusement les poireaux afin d'éliminer la terre et le sable emprisonnés dans les feuilles. Pour les conserver, éviter de les couper.

Quant aux vermicelles, notre chef les utilise pour lier la *chorba*. Ces pâtes, très fines, appelées en langue marocaine *chaâria*, apportent leur consistance à cette préparation.

La *chorba* aux boulettes de pigeons et petits légumes est une soupe à l'image de la gastronomie marocaine. Raffinée et exquise, elle devrait séduire les papilles des gourmets.

Videz les 4 pigeons. Désossez-les et levez les suprêmes. Réservez les carcasses pour le fond.

Cassez l'œuf et réservez le blanc dans un bol. Enlevez la peau des suprêmes et coupez ces derniers en petits dés. Mixez-les. Mélangez la chair avec le blanc d'œuf. Réservez au frais.

Dans une casserole, préparez le fond en mettant les carcasses des pigeons, le thym, le laurier, la gousse d'ail, le céleri, le persil et la coriandre. Mouillez d'eau à hauteur. Salez, poivrez. Faites cuire le fond, environ 20 min. Passez-le au chinois pour le filtrer.

pigeon et petits légumes

ABDELLAH
ACHIAI

Cuisson : 40 min

Épluchez les carottes, les poireaux et les oignons et coupez-les en très petits dés ainsi que le céleri branche. Lavez le persil et la coriandre et ciselez-les.

Faites suer avec 2 c. à s. d'huile végétale, les légumes ainsi que le persil et la coriandre ciselés. Versez le fond filtré. Ajoutez le colorant. Faites cuire, environ 15 min. Préparez les boulettes de pigeons.

Disposez dans la soupe les vermicelles et les boulettes. Faites cuire, environ 5 min. Rectifiez l'assaisonnement. Dressez la chorba dans les assiettes, décorez avec du persil haché.

KHADIJA
BENSDIRA

Chorba aux pigeons

4 personnes ★ **Préparation : 20 min**

2 pigeons de 450 g pièce
2 oignons
100 g de petits oignons frais
100 g de noix moulues
20 g de beurre rance
1 bouquet de persil
1 bouquet de coriandre

1/2 cuillère à café de gingembre en poudre
1 bâtonnet de cannelle
Sel
Poivre

Décoration :
30 g de cerneaux de noix

La *chorba* aux pigeons et aux noix n'a rien d'une soupe populaire. Cette recette, qui remonte à la période des *Glaoui*, pacha de Marrakech, est un mets de luxe. La légende raconte que la table de cette dynastie de grands seigneurs, régnant sur la vallée du Dadès, dans le Sud marocain, devait chaque jour comporter des plats sortant de l'ordinaire.

Habituellement, les Marocains utilisent des vermicelles ou du riz pour lier la *chorba* aux pigeons. Mais pour satisfaire les désirs du pacha, elle était réalisée avec de la farine de noix. Cette dernière très nourrissante est une excellente source de cuivre et de magnésium.

Les noix se consomment entières, hachées ou moulues. Si elles sont écalées, elles doivent être conservées dans un récipient hermétique et placées à l'abri de la lumière, de la chaleur et de l'humidité. Ce fruit sec est formé d'une coque dure, renfermant une amande constituée de deux cerneaux recouverts d'une mince pellicule jaune.

Quant au pigeon, il est réputé dans toute la tradition culinaire marocaine. De surcroît, il est considéré pour être un excellent fortifiant. Sa chair délicate et sa saveur subtile font de ce volatile un mets de luxe.

L'influence berbère se retrouve dans cette recette avec l'utilisation du beurre rance, *smen*, qui fait office de condiment. Dans certaines familles marocaines, la préparation de ce beurre est encore artisanale. Après avoir enlevé le petit-lait, on ajoute de l'origan ou de la sarriette. Le *smen* est ensuite entreposé dans une jarre. Cette dernière est recouverte d'un tissu blanc spécifique, appelé *ayati* pendant quarante jours. Vous pouvez également utiliser du beurre classique.

La *chorba* aux pigeons et aux noix est une soupe très originale. Raffinée et extrêmement riche, elle peut aussi se savourer en plat principal.

Épluchez les 2 oignons et émincez-les. Nettoyez et rincez à l'eau claire les petits oignons frais.

Rincez le persil et la coriandre. Égouttez-les. Avec une ficelle, liez-les en botte.

Mettez en cuisson les pigeons avec les oignons émincés, le bouquet de persil et coriandre, le bâtonnet de cannelle, le beurre rance et le gingembre. Salez, poivrez. Recouvrez d'eau et faites cuire environ 1 h.

et aux noix

KHADIJA
BENSDIRA

Cuisson : 1 h 05

Retirez les pigeons. Ajoutez les petits oignons frais.

Avec les doigts, séparez la chair des pigeons des os. Émiettez cette dernière.

Incorporez dans la soupe, les noix en poudre. Ajoutez les morceaux de pigeons. Remuez avec une spatule. Laissez cuire 5 min. Dressez la chorba dans les assiettes. Décorez avec les cerneaux de noix.

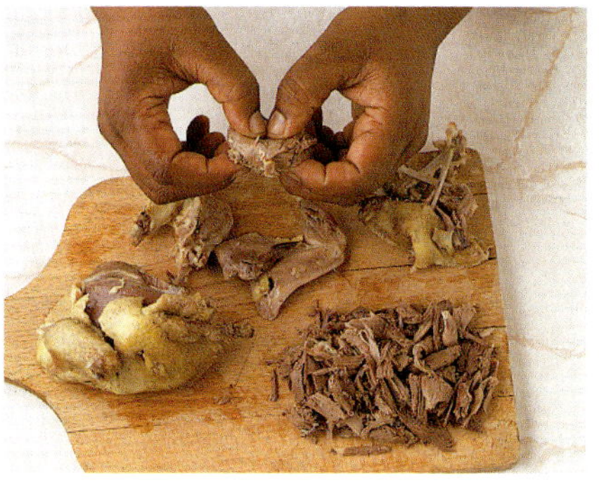

BOUCHAÏB KAMA

Chorba

4 personnes ★ **Préparation : 20 min**

160 g de crevettes décortiquées
160 g de calamars
160 g de filet de poisson blanc
8 cuillères à soupe de vermicelles fins
100 g de champignons de Paris
2 oignons
4 gousses d'ail
1 bouquet de persil
1 bouquet de coriandre

1 g de pistils de safran
4 cuillères à soupe de concentré de tomates
2 tomates fraîches
1 cuillère à soupe d'huile d'olive
1 cuillère à soupe d'huile d'arachide
1 cuillère à soupe de fécule de maïs
Sel
Poivre

Les cuisiniers marocains proposent une grande variété de soupes connues sous le nom générique de *chorba*. Lors de la dégustation, on doit toujours retrouver des petits morceaux d'ingrédients dans un fond épais et parfumé.

Bouchaïb Kama a choisi de vous présenter une recette des régions côtières, agrémentée de fruits de mer et de poisson blanc : on l'appelle en arabe *chorba belhout*. Toutefois, l'imagination des chefs marocains en matière de *chorba* est sans limite : *harira* aux tomates, coriandre et agneau, *chorba* de petits légumes, de vermicelles au poulet, de crevettes et champignons aux vermicelles et coriandre... Il existe même une étonnante "chorba blanche" composée de semoule cuite à l'eau salée, puis mélangée à du lait et parfumée à l'huile d'olive.

À peu près tous les poissons et fruits de mer conviennent pour la réalisation de la *chorba* de Méditerranée. Pays très actif en matière de pêche maritime, le Maroc bénéficie de 3 500 km de côtes tournées vers l'Atlantique et la Méditerranée, et d'une zone de pêche qui couvre plus d'1 million de km^2. Le long des côtes Atlantiques, crevettes royales, thon et turbot entrent dans la soupe, tandis que sur le bord de la Méditerranée, on préfèrera du loup moucheté, du bar ou de l'espadon.

De nombreuses espèces de crevettes se partagent les faveurs des gourmets marocains. Cependant, celles de Méditerranée sont beaucoup plus petites que leurs cousines de l'Atlantique. Dans la *chorba*, vous pouvez également incorporer des palourdes, des coquilles Saint-Jacques et des moules.

Lorsqu'il déguste une *chorba*, un Marocain ne saurait se passer de pain traditionnel rond et plat à la farine de blé. Autrefois, ce dernier était cuit d'une manière tout à fait originale : à l'intérieur d'un trou creusé dans la terre, on disposait un récipient en terre cuite appelé *farrah*. Le pain dorait à l'intérieur, sous une plaque recouverte de braises.

Découpez le filet de poisson, les crevettes décortiquées, les champignons, les oignons et l'ail en très petits dés. Coupez les têtes de calamars. Retirez le boyau, l'épine centrale et la peau. Retournez les calamars comme un gant, rincez-les puis hachez-les.

Dans une casserole, faites revenir un instant dans un mélange d'huiles d'arachide-olive les oignons et l'ail hachés saupoudrés de safran. Ajoutez les calamars. Faites revenir 3-4 min avec un peu d'eau. Salez et poivrez.

Ajoutez dans la soupe les cubes de poisson, de crevettes et de champignons. Mélangez. Portez à ébullition.

de Méditerranée

BOUCHAÏB KAMA

Cuisson : 35 min

Mondez, épluchez puis hachez les tomates fraîches. Délayez le concentré de tomates dans un bol d'eau et versez-le dans la soupe, ainsi que les tomates hachées. Faites cuire 10 min à feu modéré.

Ajoutez à ce moment les vermicelles, puis le persil et la coriandre ciselés. Rectifiez l'assaisonnement. Faites cuire encore 5 min.

Délayez la fécule de maïs dans une coupelle d'eau. Versez dans la soupe, et remettez sur le feu en remuant jusqu'à ce que la soupe soit liée. Présentez la chorba dans une jolie soupière.

LAHOUSSINE
BEL MOUFID

Chorba

4 personnes ★ **Préparation : 15 min**

1 bar d'1 kg
200 g de fenouil en bulbe
100 g de céleri branche
200 g d'oignons
1 bottillon de persil plat
1 bottillon de coriandre

200 g de beurre
1/2 cuillère à café de noix de muscade
2,5 litres de fumet de poissons tout prêt
1 cuillère à café de poivre
1/2 cuillère à café de sel

Potage des pays généreusement ensoleillés, la chorba d'Essaouira sera appréciée dans tout autre pays où le poisson frais frétille sur les étals des poissonniers. L'originalité de cette soupe au bar repose sur son côté épicé : robustesse de la noix de muscade et goût finement anisé du fenouil.

La composition de cette chorba peut varier autant que celle de la bouillabaisse marseillaise. Elle devient originale lorsque le chef remplace le bar par de l'alose, poisson d'estuaire moins courant. En effet, au Maroc il est aisé d'en trouver tout au long de l'année à Rabat ou à Salé, villes riveraines du fleuve Bou Regreg qui vient se jeter dans l'océan Atlantique.

Bar ou alose, ces poissons sont préparés en sauce ou frits à la poêle, accompagnés d'une sauce dite chermoula, mélange d'huile, de vinaigre, de coriandre, de cumin, de piment rouge en poudre doux ou fort, selon les goûts. Le fumet de poissons n'est pas indispensable, mais il est pratique de s'en procurer du tout prêt dans le commerce. L'idéal est d'en préparer en quantité suffisante et de le conserver au réfrigérateur. Il complètera finement le bouillon.

Lorsqu'il s'agit d'alose, le temps de cuisson peut être légèrement prolongé mais avec le bar, il est préférable d'éviter une cuisson de plus de 5 min. Sa chair a en effet tendance à s'émietter. Le poisson est toujours meilleur lorsque sa chair reste ferme.

Avant de préparer cette soupe, il vous faudra confectionner une crème d'ail : plongez dans une casserole d'eau bouillante 6 gousses d'ail en chemise, et faites-les ramollir. Puis pelez-les et écrasez les dans un peu d'huile d'olive. Salez et remuez afin d'obtenir une crème que vous incorporerez bien à la soupe en fin de cuisson.
Si vous souhaitez proposer un menu " marin " faites suivre cette soupe d'un plat de poisson en sauce ou d'une pastilla aux fruits de mer.

Écaillez et rincez le poisson à l'eau froide. Découpez-le en tranches épaisses. Laissez-le égoutter dans une passoire pendant la préparation de la suite.

Épluchez les oignons et le bulbe de fenouil. Coupez-les en brunoise ainsi que le céleri. Hachez le persil et la coriandre. Réservez ces ingrédients dans des bols.

Faites fondre du beurre dans un faitout, puis faites revenir persil et coriandre, oignon et céleri. Laissez dorer 5 min sur un feu doux, en remuant de temps en temps.

d'Essaouira

LAHOUSSINE
BEL MOUFID

Cuisson : 35 min

Ajoutez le fenouil aux autres légumes, remuez à la spatule. Salez, poivrez et poudrez de noix de muscade. Faites revenir encore 5 min tout en remuant, sur un feu moyen.

Arrosez le tout du fumet de poissons et laissez cuire, toujours sur un feu moyen, pendant 20 min.

Versez enfin les morceaux de poisson dans la casserole, et donnez un vif bouillon de 5 min au maximum afin de ne pas trop cuire le poisson.

M'HAMED
CHAHID

Harira au riz

8 personnes ★ Préparation : 15 min

200 g de pois chiches
150 g de blancs de poulet
1 botte de coriandre fraîche
1 botte de persil
100 g de céleri branche
1 oignon
50 g de riz
2 sachets de colorant safran
250 g de concentré de tomates
10 cl d'huile de table

1 cube de bouillon de poulet
6 œufs
100 g de farine
Sel
Poivre

Accompagnement :
Citrons
Figues sèches

Pendant les trente jours du Ramadan, la harira préparée dans chaque maison marocaine embaume les rues de son puissant parfum. Elle est dégustée dès la rupture du jeûne, après le coucher du soleil. Les Marocains accompagnent toujours ce potage de dattes ou figues sèches , et de toutes sortes de petits gâteaux.

Très énergétique, la harira est à base de légumineuses parfumées à la coriandre, persil et tomates. Elle est agrémentée selon les goûts de petits morceaux d'agneau, de poulet, de boulettes (kefta), ou même d'un os qui parfumera le bouillon. La liaison est à base de farine délayée dans de l'eau. D'une région à l'autre, on l'enrichit aussi de vermicelles, de riz ou encore d'œufs. Notre chef a fait le choix de ces deux derniers ingrédients pour réaliser sa recette.

Au Maroc, les légumineuses sont fortement appréciées pendant l'hiver, surtout dans les montagnes au climat rigoureux : pois chiches, lentilles et fèves sèches figurent alors dans les repas quotidiens. Le bassin du Sais, situé entre Meknès et Fès est particulièrement réputé pour ce type de production. Comme les haricots, les pois chiches mûrissent dans des gousses. Mais à l'état frais, leur saveur ne présente pas d'intérêt. Aussi, la quasi totalité de la récolte est-elle consommée séchée.

Dans son restaurant, M'hamed Chahid ajoute généralement dans la harira du riz à petits grains, cultivé dans la très fertile plaine du Gharb (aux environs de Khénitra). Ajoutés dans le potage en fin de cuisson, les œufs n'ont pas besoin de mijoter longuement. Ils continueront de cuire hors du feu dans la harira brûlante.

Vous pouvez presser le citron et verser son jus dans la soupe juste avant de servir, ou en proposer sur la table, dans une coupelle. De plus, de belles guirlandes de figues sèches apporteront de la couleur et une petite note sucrée lors de la dégustation.

Mettez les pois chiches à tremper la veille. Faites cuire le riz 20 min à l'eau salée. Ciselez le persil et la coriandre. Épluchez l'oignon, coupez-le en petits cubes ainsi que le pied de céleri.

Mettez l'huile à chauffer dans une marmite. Faites revenir le hachis de condiments précédent, en remuant. Ajoutez les pois chiches égouttés et les blancs de poulet découpés en cubes.

Additionnez de colorant safran, sel, poivre, cube de bouillon de poulet émietté et concentré de tomates. Ajoutez 1,5 l d'eau. Faites cuire pendant 1 h.

et figues sèches

M'HAMED
CHAHID

Cuisson : 1 h 45

Trempage des pois chiches: 1 nuit

Diluez la farine dans un bol d'eau. Versez-la dans la soupe, et fouettez sur le feu pour lier la préparation. Laissez épaissir durant environ 15 min.

En fin de cuisson, ajoutez dans la harira le riz cuit et égoutté.

Cassez les œufs dans un bol. Versez-les dans la soupe. Laissez cuire 2-3 min et retirez du feu. Servez en compagnie de quartiers de citrons et de figues sèches.

LAHOUSSINE
BEL MOUFID

Harira

4 personnes ★ **Préparation : 35 min**

250 g de viande de bœuf (paleron ou gite)
2 oignons
200 g de pois chiches
1 cuillère à café de safran colorant
1 cuillère à café de gingembre en poudre
1 cube de volaille
1 cuillère à café de smen (beurre rance)
100 g de lentilles blondes
150 g de langues d'oiseaux (pâtes)
1 bouquet de coriandre
1 bouquet de persil

150 g de concentré de tomates
1 céleri branche
5 tomates
100 g de farine
Sel
Poivre

Décoration :
8 dattes
8 figues (facultatif)
Citron (facultatif)

Pour les Marocains, la *harira* est indissociable de leur patrimoine gastronomique. Cette soupe traditionnelle, composée toujours de viande, pois chiches, lentilles, tomates et céleri se consomme dans toutes les familles à l'occasion du Ramadan. Elle est aussi offerte à la jeune mariée le lendemain matin de ses noces.

Très nourrissant, ce mets qui peut s'apparenter à un goulache hongrois, connaît, selon les régions ou les familles des variations. Mais pour beaucoup de Marocains, la véritable *harira* est celle figurant dans le patrimoine de Fès. Riche de quatorze siècles d'histoire culinaire, la cité impériale, garante des traditions, a offert au répertoire du pays, des recettes dignes de sa renommée. La gastronomie *fassia*, réputée noble et élitiste, se distingue par son savoir-faire et son raffinement.

Facile à réaliser, la *harira fassia* dévoile un subtil mélange de saveurs. Il est donc impératif de la faire cuire longtemps. Le céleri, appelé *krafece*, en langue marocaine, parfume admirablement les soupes, sauces et ragoûts. Appréciée pour sa texture croquante, cette plante potagère est présente toute l'année sur les étals. Choisissez-le bien vert, parfaitement dur, sans flétrissures, ni marque jaunâtre du côté du pied. Il se conserve très bien au réfrigérateur.

La *harira* ne peut se concevoir sans la présence des lentilles et pois chiches. Ces derniers, originaires d'Asie occidentale, dévoilent un léger goût de noisette. Très nourrissants et savoureux, ils conservent leur forme à la cuisson. N'oubliez pas de les faire tremper douze heures et de les débarrasser de la petite membrane qui les recouvre.

Succulente, la *harira fassia* se déguste toujours accompagnée de douceur comme les dattes et les figues...

Faites tremper la veille les lentilles et les pois chiches. Enlevez la peau de ces derniers. Épluchez les oignons et émincez-les. Hachez la coriandre, le persil et le céleri branche.

Coupez la viande de bœuf en petits dés. Mondez les tomates pour les peler. Coupez-les en petits dés, mixez et réservez.

Mettez en cuisson la soupe en faisant suer les oignons dans le beurre rance. Ajoutez les dés de viande, le safran colorant, le gingembre. Salez, poivrez. Délayez le cube de volaille dans 1 verre d'eau et versez-le dans la marmite. Disposez les pois chiches. Faites revenir.

fassia

LAHOUSSINE
BEL MOUFID

Cuisson : 1 h 40

Trempage des pois chiches et lentilles : 12 h

Mouillez d'eau. Ajoutez le persil, coriandre, céleri. Laissez cuire environ 30 min. Ajoutez les lentilles. Faites cuire 20 min. Mettez les tomates mixées. Laissez cuire 20 min à couvert.

Ajoutez les langues d'oiseaux. Faites cuire environ 5 min. Délayez la farine et le concentré de tomates avec de l'eau.

Versez ce mélange et faites cuire à découvert, environ 15 min, en remuant. Dressez la harira fassia, dans une soupière, accompagnée de dattes, figues et citron.

MOHAMMED AITALI

Potage de légumes au safran

4 personnes ★ **Préparation : 30 min**

100 g d'oignons
30 g de persil plat
80 g de coriandre fraîche
75 g de céleri en branche
200 g de jarret de bœuf
1 sachet de safran en poudre
1/4 de cuillère à café de gingembre en poudre

100 g de carottes
100 g de courgettes
100 g de navets
60 g de langues d'oiseaux
2,5 cl d'huile de table
Sel
Poivre

Mohammed Aitali vous propose un potage simple et économique, facile à préparer tout au long de l'année. Dans cette soupe aux légumes et aux langues d'oiseaux, vous ajouterez des cubes de bœuf pris dans la cuisse ou dans l'épaule, sans os. Cependant, vous pouvez faire mijoter un os dans le bouillon pour en corser le goût (vous l'enlèverez avant le service). De la viande de mouton ou de poulet pourrait également entrer dans la recette.

Au Maroc, les bovins sont élevés principalement dans la fertile région de Meknès ainsi qu'à Fès, Doukhala et dans le Moyen Atlas. La vache traditionnelle est une modeste bête de 90 à 100 kg au pelage jaune, peu prodigue en viande et en lait. Elle est souvent supplantée par des espèces plus productives, d'origine étrangère.

Composé d'un assortiment de courgettes, carottes, oignons et navets, le potage peut être agrémenté de poireaux ou de chou blanc émincé. Lorsque vous ajouterez ces légumes à la viande en sauce, ne mettez pas les courgettes en même temps que les navets et les carottes : elles seraient trop cuites et écrasées dans la soupe.

Notre chef emploie pour ce potage des pâtes langues d'oiseaux de couleur jaunâtre en forme de grains de riz, que l'on appelle orzo. Elles sont fabriquées à la farine de blé dur. Il faut dire que les Marocains n'ont pas attendu les Italiens pour confectionner les plus délicieuses variétés de pâtes : citons parmi celles-ci les mkatfa (vermicelles), berkoukech (plombs), douida (grains de riz), drihmat (petits carrés) et autres fdaouch (spaghettis) ou tarchta (tagliatelles).

Les langues d'oiseaux doivent toujours être versées dans le bouillon très chaud, car un liquide tiède ou froid les transformerait en pâte collante. Lorsqu'ils ne les plongent pas dans des soupes, les Marocains les font aussi cuire dans du lait puis les agrémentent de beurre et de sucre. Si vous n'en trouvez pas, n'hésitez pas à les remplacer par des vermicelles.

Coupez le morceau de bœuf en tranches d'1 cm d'épaisseur. Découpez le tout en petits cubes réguliers.

Épluchez et hachez les oignons. Faites chauffer l'huile de table au fond d'une marmite. Versez les oignons dans l'huile chaude et faites-les dorer.

Versez les cubes de viande dans les oignons. Faites revenir à feu vif, en mélangeant pour ne pas laisser attacher.

et langues d'oiseaux

MOHAMMED
AITALI

Cuisson : 45 min

Ajoutez dans la casserole persil, coriandre et céleri hachés, gingembre et safran en poudre. Faites revenir quelques minutes. Salez, poivrez. Mouillez à hauteur. Couvrez et laissez cuire environ 20 min.

Épluchez les carottes et les navets. Coupez-les en petits cubes de 5 mm de côté, ainsi que les courgettes non épluchées. Versez carottes et navets dans la viande en sauce. Faites cuire 5 min. Ajoutez les courgettes, et refaites cuire 5 min.

Ajoutez alors les langues d'oiseaux dans la soupe bien chaude. Achevez de cuire 5 min à feu moyen. Servez bien chaud.

LAHOUSSINE
BEL MOUFID

Sikouk

4 personnes ★ **Préparation : 25 min**

1 l de petit-lait
1 l de lait frais non pasteurisé
2 barbes d'artichaut
3 cuillères à soupe d'eau de fleurs d'oranger

350 g de semoule de maïs
2 cuillères à soupe d'huile végétale
Sel
Poivre (facultatif)

Le *sikouk* est une soupe froide qui se consomme essentiellement au moment des fortes chaleurs. Particulièrement appréciée dans les régions rurales du Maroc, elle se compose de lait caillé, eau de fleurs d'oranger, petit-lait et semoule de maïs.

L'été, les paysans, installés au bord des routes, proposent aux ouvriers agricoles ce rafraîchissement très nourrissant. Facile à réaliser, le *sikouk* est essentiellement préparé avec les ingrédients de la ferme.

Le lait caillé, appelé *b'raïb*, est encore fabriqué artisanalement. Dans les campagnes, les habitants ramassent les barbes d'artichauts. Séchées puis ciselées, ces dernières sont réputées depuis les temps immémoriaux pour cailler le lait.

Transvasé ensuite dans une *chakoua*, peau de chèvre de couleur grenat, préalablement désinfectée avec des racines de chênes verts, puis tendue au-dessus d'un trépied, le lait ainsi "présuré" va libérer son beurre et petit-lait. Cette technique ancestrale permet aux paysans de consommer directement le beurre obtenu avec de la semoule. Quant au petit-lait, appelé *laban*, en marocain, il se caractérise par un goût aigrelet. Pour réaliser cette recette, vous pouvez vous procurer directement dans le commerce du lait caillé et du petit-lait.

Grands amateurs de semoule, les Marocains la considèrent comme un aliment sacré. Celle de maïs est obtenue par la mouture des grains séchés. Sa consistance légèrement croquante s'avère idéale pour réaliser biscuits, gâteaux ou pains. Cuite en bouillie, elle sert à la confection de la *polenta*.

Le maïs est la seule céréale créée par l'homme après hybridation. Originaire d'Amérique, il fut découvert à la fin du XVe siècle par Christophe Colomb et introduit quelques années plus tard en Europe par Cortès.

Inscrite au patrimoine culinaire marocain, la *sikouk* est un mets rustique, aux saveurs particulières.

Avec les doigts, tirez les barbes d'artichaut et disposez-les dans un récipient.

À l'aide d'un couteau, ciselez les barbes d'artichaut.

Faites chauffer le lait non pasteurisé avec l'eau de fleurs d'oranger et les barbes d'artichaut ciselées. Mélangez en tournant avec le fouet. Couvrez la casserole. Laissez cailler le lait en le réservant au réfrigérateur pendant au moins 2 h.

Cuisson : 1 h

Caillage du lait : 2 h

Préparez la semoule de maïs en la travaillant à la main avec l'huile végétale. Salez. Remplissez au 3/4 d'eau la marmite du couscoussier et portez à ébullition.

Mettez en cuisson la semoule pendant 15 min.

Travaillez la semoule en l'imbibant d'eau. Remettez en cuisson 15 min. Renouvelez l'opération 2 fois. Dans l'assiette, dressez la semoule en dôme, versez au centre le petit-lait et autour le lait caillé.

AMINA KHAYAR

Soupe

4 personnes ★ **Préparation : 15 min**

250 g de petites fèves sèches
3 gousses d'ail en chemise
2 cuillères à soupe d'huile d'olive
1 cuillère à café de sel

Accompagnement :
Paprika
Cumin moulu
Huile d'olive

En hiver, les Marocains apprécient de se réchauffer avec un bon bol de soupe *bissara*. Cette épaisse purée très odorante à base de fèves sèches, de sel et d'huile peut paraître un peu fade au premier abord. C'est pourquoi chaque convive dispose près de lui, dans des coupelles, d'un assortiment d'huile d'olive, de paprika et de cumin qu'il ajoute à sa guise dans son potage.

Amina Khayar a réalisé la *bissara* avec de toutes petites fèves sèches, de la même grosseur et du même vert que les pois cassés. Elles présentent l'avantage de cuire très vite. On pourrait cependant réaliser le même potage avec de grosses fèves sèches ou des pois cassés. À l'état frais, les fèves marocaines se marient très bien au citron confit dans les *tajines* d'agneau. Il existe également un couscous aux fèves vertes et aux figues sauvages *kuran*. Les plus petites sont volontiers pochées et marinées dans une sauce *chermoula*. En revanche, les fèves séchées sont toujours cuisinées sous forme de soupes.

Les diverses opérations de rinçage permettent d'éliminer toute la poussière et débris subsistants dans les légumes. Elles enlèvent aussi une partie de l'amidon excédentaire. Pendant la cuisson, prenez la précaution de remuer régulièrement pour que les fèves commencent à s'écraser et cuisent plus vite. Vous pouvez aussi choisir d'y incorporer les gousses d'ail préalablement épluchées. Selon la texture désirée, vous passerez ensuite la soupe dans un moulin à légumes ou bien au robot-mixeur.

Le potage d'Amina Khayar s'imprègne des senteurs de l'huile d'olive marocaine. La meilleure huile d'olive du pays provient du Sud, en pays berbère. Elle est de couleur vert foncé et sa saveur est légèrement amère. C'est sous l'impulsion de feu le roi Hassan II que les Marocains ont entamé d'importantes plantations d'oliveraies. Elles se poursuivent actuellement au rythme d'environ 3 500 hectares par an.

Versez les fèves sèches dans un grand plat ou sur votre plan de travail. Du bout des doigts, séparez les fèves des petits bouts de feuilles, fèves non décortiquées, petits cailloux...

Rincez bien les fèves à l'eau froide, dans une calotte, ou dans une passoire sous l'eau courante. Procédez au minimum à trois ou quatre rinçages, pour bien éliminer toute la poussière.

Disposez les fèves nettoyées au fond d'une marmite. Ajoutez de l'eau chaude jusqu'aux 3/4 de la casserole.

bissara

AMINA
KHAYAR

Cuisson : 30 min

Plongez l'ail en chemise dans l'eau des fèves. Arrosez d'un large filet d'huile d'olive, et salez. Couvrez. Faites cuire de 20 à 30 min.

Avec une araignée ou une écumoire, prélevez l'ail dans la soupe de fèves. Rafraîchissez-le, puis épluchez-le délicatement avec un petit couteau.

Versez la soupe de fèves et l'ail dans le bol du robot-mixeur. Mixez jusqu'à obtention d'une purée homogène. Rectifiez l'assaisonnement. Servez chaud, accompagné de cumin, de paprika et d'huile.

MOHAMED
TASTIFT

Soupe de légumes

4 personnes ★ **Préparation : 20 min**

2 pommes de terre
2 courgettes
2 carottes
1 oignon
2 tomates
50 g de vermicelle chinois
2 gousses d'ail
1 bouillon de cube de volaille

1/2 botte de persil
1/2 botte de coriandre
60 g de semoule fine
1 pincée de pistils de safran
1 cuillère à soupe de beurre
1 cuillère à soupe d'huile d'olive
Sel
Poivre

Cette soupe de légumes se consommait, à l'origine, essentiellement dans la vallée des casbah. Situé dans le sud marocain, sur la route menant d'Er Rachidia à Ouarzazate, ce site exceptionnel, perdu au milieu des amandiers, oliviers, cactus et roseaux, dévoile une succession de ksours, châteaux construits en pisé avec de la terre séchée.

Dans cette région, la civilisation des casbah a fortement marqué les mentalités. Jadis, résidences des seigneurs, ces superbes bâtisses fortifiées servaient également d'abri aux villageois lors des invasions. Les caravaniers, qui commerçaient entre l'Afrique et le Maghreb, y trouvaient refuge pour la nuit et entreposaient en toute sûreté leurs richesses, ramenées des pays lointains.

La légende raconte que les nomades pour reprendre des forces savouraient cette soupe, à base de légumes, pâtes et semoule. Aujourd'hui, ce plat est surtout préparé dans les familles berbères de Ouarzazate.

Grands amateurs de pâtes, les habitants de cette région les consomment aussi bien au petit-déjeuner qu'au dîner.

Pour cette recette, notre chef utilise des vermicelles chinois. Préparés avec de la farine de soja, ces derniers se présentent en longs écheveaux nacrés. Bouillis ou frits, ils entrent dans la confection des potages et farces.

Autrefois, cette soupe végétarienne était uniquement réalisée avec des légumes de saison. Il fallait donc attendre l'arrivée de l'été pour profiter des courgettes. Ces légumes, originaires d'Amérique Centrale et du Sud, ont trouvé leur place dans la gastronomie méditerranéenne. Riches en eau et peu énergétiques, ils doivent être de couleur uniforme.

Regorgeant de vitamines, la soupe de légumes des casbah est un véritable délice. Dans les assiettes, ce mets très coloré rappelle les magnifiques palmeraies du sud marocain.

Épluchez les carottes, les pommes de terre et les courgettes. Râpez les légumes finement. Mondez les tomates et concassez-les.

Ciselez la coriandre et le persil. Écrasez les gousses d'ail. Épluchez et émincez l'oignon.

Faites suer l'oignon émincé avec 1 c. à s. d'huile d'olive. Coupez les vermicelles et ajoutez-les ainsi que les carottes, pommes de terre et courgettes râpées.

des casbah

MOHAMED
TASTIFT

Cuisson : 25 min

Mouillez d'eau au 3/4 la préparation. Ajoutez le bouillon de cube de volaille.

Salez, poivrez. Ajoutez les pistils de safran, le persil et la coriandre ciselée. Laissez cuire environ 20 min.

Ajoutez la semoule. Remuez avec une spatule en bois pour lier la soupe. Incorporez la concassée de tomates et le beurre. Dressez la soupe des casbah dans les assiettes.

VICTORIA
BERDUGO

Soupe de pois chiches

4 personnes ★ **Préparation : 20 min**

1 kg de viande de bœuf macreuse et poitrine
3 os à moelle
1 kg de gros pois chiches
1 pomme de terre
1 oignon
2 gousses d'ail
1 bouquet de coriandre

1 cuillère à café de curcuma
1 cuillère à café de pistils de safran
1 cuillère à café de bicarbonate
5 cl d'huile végétale
Sel
Poivre

Beaucoup de juifs originaires du Maroc se souviennent avec nostalgie de la soupe de pois chiches consommée pour la veillée du *chabbat*. Très populaire, notamment à Tanger et Meknès, cette préparation aux multiples saveurs est aujourd'hui encore associée à ce jour de fête hebdomadaire.

Facile à réaliser, la soupe de pois chiches nécessite cependant un temps de cuisson important. S'inscrivant dans la Tradition, où l'utilisation du feu est proscrite, cette spécialité se prépare le vendredi midi et la cuisson avant "la tombée du chabbat". Ce soir-là, la table familiale est parée comme un autel. Pour la communauté, ce moment privilégié vécu dans la sérénité est aussi l'occasion de savourer des plats spécifiques.

Les pois chiches, très appréciés dans le bassin méditerranéen, doivent impérativement tremper douze heures dans de l'eau. Madame Berdugo ajoute une cuillère à café de bicarbonate afin de les rendre plus digestes. Ces légumes secs, originaires d'Asie Centrale, sont issus d'une plante annuelle herbacée, dont les gousses contiennent une à quatre graines. Ces dernières, de couleur crème, dévoilent un léger goût de noisette.

Très nourrissants et savoureux, les pois chiches conservent leur forme à la cuisson. Si les juifs de Tanger préfèrent écraser, voire mixer ces derniers, ceux de Meknès les présentent entiers dans la soupe.

Ce mets délicieux est un merveilleux concentré de saveurs orientales. La coriandre, si précieuse dans la gastronomie marocaine, offre à cette soupe son parfum caractéristique. Également appelée en arabe *kosbor*, cette plante aromatique apporte toute sa puissance. Pour que la soupe de pois chiches conserve tous ses arômes, il est impératif d'incorporer les ingrédients (épices et assaisonnement) en fin de cuisson.

Hors du feu, préparez la veille les pois chiches en les plongeant dans l'eau bouillante. Ajoutez le bicarbonate. Couvrez. Laissez tremper 12 h.

À l'eau claire, malaxez les pois chiches pour enlever la peau.

Dans une marmite, mettez la macreuse, la poitrine, les os à moelle. Ajoutez pois chiches, oignon, pomme de terre, gousses d'ail écrasées, une 1/2 botte de coriandre liée, pistils de safran et l'huile végétale. Remplissez la marmite d'eau et faites cuire à couvert environ 4 h 30.

du chabbat

VICTORIA BERDUGO

Cuisson : 5 h **Trempage des pois chiches : 12 h**

Retirez la viande de bœuf et les os à moelle. Mixez les pois chiches et la garniture.

Ciselez la demi-botte de coriandre restante. Ajoutez-la dans la soupe de pois chiches avec le curcuma. Salez, poivrez.

Remettez la viande et les os à moelle dans la soupe. Laissez cuire environ 30 min. Dressez dans les assiettes, la soupe de pois chiches et la viande à côté.

ABDELMALEK EL MERAOUI

Soupe d'illan

6 personnes ★ **Préparation : 25 min**

500 g de semoule d'illan
1 gousse d'ail
50 cl de lait concentré
1 pincée d'anis vert en poudre
1 cuillère à soupe d'huile d'olive
Sel fin

Fond d'agneau :
4 ou 5 os d'agneau
1 gros oignon
1 morceau de poireau
2 ou 3 carottes
1 branchette de thym
1 feuille de laurier
1 gousse d'ail
5 cl d'huile d'olive

La soupe d'*illan* à l'anis figure parmi les spécialités du Sous, région en partie montagneuse et en partie désertique, qui s'étend aux alentours de la station balnéaire d'Agadir. Très apprécié au petit-déjeuner, c'est un plat à usage familial, très reconstituant et économique.

L'*illan* ou "sorgho" est une céréale très répandue dans les campagnes proches d'Agadir. On l'appelle aussi parfois "gros mil". Lorsqu'on moud finement ses grains petits et ronds, on obtient une poudre ressemblant à une farine grise. Quasiment inconnue dans le nord du Maroc, l'*illan* sert uniquement dans la confection de soupes. Les Soussis et les Berbères conseillent aux convalescents victimes de fractures de consommer ce potage deux à trois fois par jour pour consolider leurs os.

Les cuisiniers marocains agrémentent avec bonheur leurs soupes de semoules très variées : l'*illan* le dispute à la *dchicha* (orge concassée), à la *belboula* (également à base d'orge), à la semoule de maïs ou encore à la *smila*, semoule de blé dur fine et un peu jaunâtre.

Le plus souvent, la soupe d'*illan* est simplement allongée à l'eau. L'idée de confectionner un fond d'agneau constitue un raffinement de chef. Réalisé selon les règles de l'art avec des os d'agneau, une garniture aromatique et un mouillement, ce dernier constituera la base de saveurs de la soupe. Mais si le temps vous manque, vous pouvez choisir un fond de qualité déshydraté, qu'il vous suffira de délayer dans de l'eau chaude.

L'anis et l'huile d'olive sont les condiments les plus adaptés pour parfumer ce plat. Grands amateurs d'anis vert en grains ou moulu, les Marocains l'emploient principalement pour la confection de pains et de petits fours. Notre chef a également coutume d'en ajouter dans les chapelures, avec lesquelles il pane viandes ou poissons.

Pour le fond d'agneau, coupez carottes et blanc de poireau en rondelles et l'oignon en quartiers. Dorez les os à l'huile, ajoutez les légumes, thym, laurier, ail, laissez fondre. Mouillez et faites cuire au moins 1 h 30 jusqu'à obtention d'un fond. Filtrez.

Épluchez une autre gousse d'ail et ciselez-la.

Portez le fond d'agneau à ébullition. Ajoutez l'ail haché, le sel et l'anis moulu.

à l'anis

ABDELMALEK EL MERAOUI

Cuisson : 2 h 30

Portez de nouveau à ébullition. Versez la semoule d'illan dans le fond d'agneau.

Au fur et à mesure que vous versez la semoule dans le bouillon, remuez au fouet pour l'incorporer petit à petit au liquide.

Maintenez la soupe sur feu moyen, 45 min env. jusqu'à ce qu'elle soit épaisse et homogène. Ajoutez du lait concentré. Remuez et laissez cuire encore 6 min. Décorez d'huile d'olive, de lait concentré et servez bien chaud.

MOHAMED
TASTIFT

Soupe

4 personnes ★ **Préparation : 15 min**

200 g d'orge moulu
1 oignon
50 cl de lait
1 pincée de thym séché
2 gousses d'ail
2 cuillères à soupe d'huile d'olive
Sel
Poivre

Décoration :
Huile d'olive

En langue marocaine, le mot tchicha désigne l'orge moulu. Cette soupe d'hiver, typique du Moyen Atlas, fait partie du patrimoine culinaire berbère.

Très populaire, la tchicha est une recette extrêmement facile à réaliser. Composée d'orge, ail, thym, oignon et huile d'olive, cette dernière se consomme aussi bien le matin que le soir. Habituellement, elle est aussi offerte à la jeune mère pour lui redonner des forces.

Dans la culture marocaine, toute préparation à base de grains de blé, orge, mil ou farine comme les crêpes, pain, ou couscous, possède un caractère sacré.

Chez les Berbères, la tchicha, appelée aussi ibrine, est une céréale particulièrement appréciée. Cultivés depuis des millénaires, ces grains d'orge sont utilisés généralement pour les soupes ou les bouillies. Vous pouvez également réaliser ce mets avec de la semoule de maïs.

En revanche, le parfum de l'ail est indispensable. Cette plante à bulbe, originaire d'Asie Centrale est réputée pour ses vertus curatives. Au printemps, l'ail nouveau apparaît sur les marchés. Très savoureux et doux, il s'épluche facilement. Qu'il soit frais ou non, choisissez l'ail en tâtant les gousses. Elles doivent toujours être bien dures et pleines.

Quant au thym, il se marie idéalement aux soupes, œufs, viandes et poissons grillés. Cette plante aromatique, originaire des régions méditerranéennes, est reconnaissable à ces petites feuilles de couleur vert grisâtre. Frais ou séché, le thym résiste bien à la cuisson. Il en existe deux variétés principales : l'une méridionale, le thym sauvage surnommé "farigoule" ou "serpolet" ; l'autre dite d'hiver ou "thym allemand", aux feuilles plus larges et à la saveur amère. L'odeur très parfumée de cette plante vivace provient du thymol, une huile essentielle.

La tchicha est avant tout une soupe paysanne. Vous pouvez comme notre chef apporter aux assiettes une touche de couleur en versant un filet d'huile d'olive.

Épluchez et hachez l'oignon. Écrasez les gousses d'ail.

Dans la marmite, faites revenir l'oignon haché, les gousses d'ail écrasées, le thym séché, avec 2 cuillères à soupe d'huile d'olive.

Recouvrez d'eau la préparation en remuant avec une spatule en bois.

Tchicha

MOHAMED
TASTIFT

Cuisson : 40 min

À ébullition, ajoutez l'orge moulu. Faites cuire, environ 30 min. Salez, poivrez.

À l'aide d'une spatule en bois, remuez la soupe pour la lier.

Versez le lait. À ébullition, retirez la marmite du feu. Dressez la soupe tchicha dans les assiettes. Décorez avec un filet d'huile d'olive.

KHADIJA BENSDIRA

Tadaffi

4 personnes ★ **Préparation : 30 min**

150 g de semoule fine
2 cuillères à café de menthe sauvage séchée
3 gousses d'ail
1 bâtonnet de cannelle
100 g de dattes
1/2 cuillère à café de graines d'anis

1/2 cuillère à café de smen (beurre rance)
2 cuillères à soupe d'huile d'olive
Sel
Poivre

Décoration (facultative) :
Feuilles de menthe

La tadaffi est une soupe ancestrale des montagnes marocaines. Extrêmement tonique, elle signifie "réchauffer l'intérieur du corps". Composée de menthe sauvage séchée, ail et semoule, cette recette paysanne fait office de fortifiant. Elle est surtout préparée en hiver quand les premiers froids font leur apparition.

L'efficacité de la tadaffi est avant tout liée à la présence de la menthe. Cette plante aromatique, qui pousse à l'état sauvage dans le Rif, est réputée depuis la nuit des temps, pour apporter à l'organisme force, paix et guérison. Riche en calcium, fer et vitamines, elle s'avère excellente contre la fatigue.

Il n'existe pas moins de dix variétés de menthes dont la fraîche, la sauvage, la rouge ; la verte étant la plus répandue. Reconnaissable à ses feuilles allongées ou ovales, lisses ou dentelées, cette dernière est présente toute l'année. Aromate indispensable de la cuisine marocaine, la menthe doit être bien verte, les tiges bien rigides. Fraîche, elle aromatise merveilleusement les salades, grâce à son essence, le menthol.

Si vous souhaitez la faire sécher, conservez-la dans un lieu aéré à l'abri de la lumière. Lorsque les feuilles sont sèches, réduisez-les en fines miettes et conservez-les dans des bocaux de verre.

Quant à l'ail, présent dans cette soupe, on le trouve aussi à longueur d'année. Certains estiment qu'il est excellent pour la santé, notamment pour la circulation du sang.

Pour accompagner la tadaffi, notre chef emploie aussi des dattes. Une fois malaxées, ces dernières sont mélangées avec des graines d'anis et du smen (beurre rance). Excellentes, elles contribuent par leur valeur énergétique à fortifier l'organisme.

Cette soupe, utilisée principalement comme remède par les paysans marocains, s'avère délicieuse. Il n'est donc pas nécessaire d'attendre d'être fébrile pour la savourer !

Pelez les gousses d'ail. Entre les paumes des mains, écrasez la menthe sauvage séchée. Pilez les graines d'anis.

Dénoyautez les dattes. Hachez-les avec un couteau. Malaxez-les afin d'obtenir une consistance légèrement molle. Incorporez le beurre rance et les graines d'anis pilés. Mélangez le tout.

Façonnez le mélange en lui redonnant la forme des dattes. Réservez.

Cuisson : 20 min

Dans une marmite, portez à ébullition 2 l d'eau. Ajoutez l'huile d'olive, les gousses d'ail, le bâtonnet de cannelle. Salez, poivrez. Laissez cuire environ 10 min.

À l'aide d'une étamine, filtrez le bouillon. Écrasez les gousses d'ail. Remettez-les dans la marmite. Faites cuire environ 5 min.

À ébullition, ajoutez la semoule fine. Remuez. Laissez cuire environ 5 min. Dressez la soupe dans des bols, décorez avec les feuilles de menthe. Présentez les dattes façonnées dans des ramequins.

Tajines Couscous

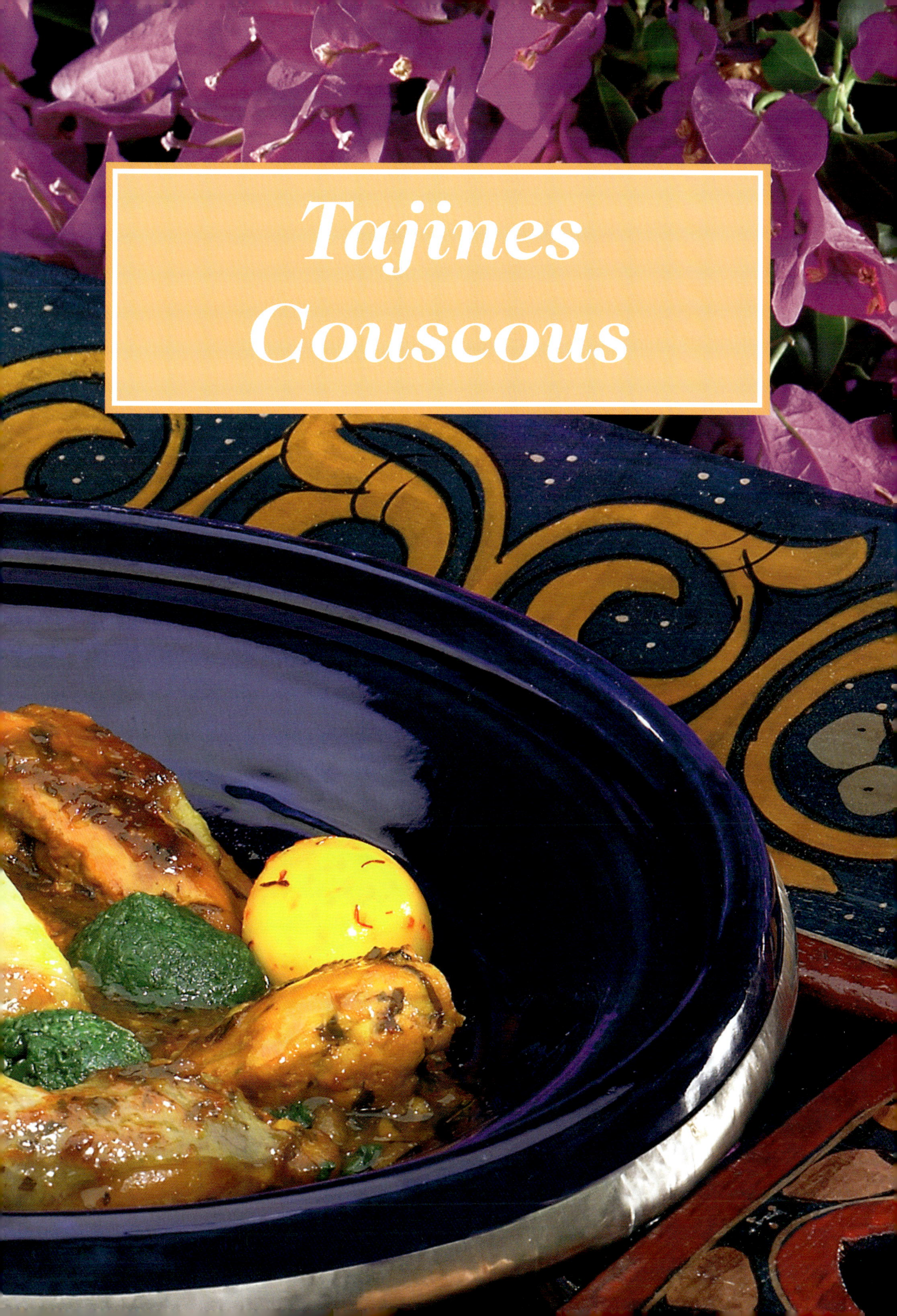

VICTORIA BERDUGO

Couscous aux oignons

8 personnes ★★ **Préparation : 1 h 30**

1 kg de semoule moyenne
2 kg de bœuf (macreuse, paleron)
1 bâtonnet de cannelle
3 kg d'oignons
1 bouquet de coriandre
1 kg de raisins blancs secs
1 bouquet de persil
100 g de sucre semoule

10 g de miel
2 cuillères à café de safran en poudre
50 cl d'huile végétale
Sel
Poivre

Le couscous aux oignons confits et raisins secs est un plat d'une très grande délicatesse. Inspirée du répertoire culinaire marocain, cette recette juive, relativement longue à confectionner, se déguste lors des principales fêtes religieuses.

De saveur très orientale, les oignons confits sont un véritable délice. Mariés au safran, cannelle, sucre et miel, ils dévoilent toute leur subtilité.

Mi-condiment et mi-légume, l'oignon agrémente de nombreux mets. Cultivée depuis plus de 5000 ans, cette plante potagère, originaire du Nord de l'Asie, parfume admirablement les ragoûts. Les oignons du Maroc sont réputés pour leur douceur toute en nuance.

Nous vous conseillons pour le confit d'utiliser la variété "jaune paille des vertus". Choisissez des oignons, sans germes ; le bulbe bien dur et fermé.

Savamment relevée, cette préparation dévoile également les parfums délicats du safran. Appelée za'farân, en langue arabe, dérivé du mot asfar, désignant la teinture jaune, cette épice la plus chère du monde, est cultivée dans le sud marocain. Dès le mois d'octobre, les fleurs de crocus mauves, dont est extrait le safran, apparaissent à perte de vue dans les champs. 200 000 fleurs sont nécessaires pour obtenir un kilo de pistils de safran !

Quant aux raisins secs, qui se retrouvent aussi dans le confit d'oignons, ils s'avèrent très nourrissants. Dans la gastronomie marocaine, ils sont souvent utilisés comme condiment.

La principale difficulté de ce plat réside dans la préparation de la semoule. Vous devez impérativement la travailler à la main en la malaxant avec de l'huile végétale et en l'imbibant d'eau. Cette opération primordiale doit être renouvelée entre chaque cuisson à la vapeur.

Excellent, le couscous aux confits d'oignons et raisins secs est un plat qui regorge de convivialité et de générosité, si chères à la communauté juive marocaine.

Épluchez tous les oignons. Réservez-en un. Coupez tous les autres en lamelles et mettez-les dans une marmite. Ajoutez le bâtonnet de cannelle. Quand les oignons commencent à suer, ajoutez 10 cl d'huile végétale, le sucre, le sel et 1 c. à c. de safran. Laissez confire 2 h.

Quand les oignons ont perdu toute leur eau, ajoutez les raisins secs et le miel. Laissez compoter environ 1 h. Réservez. Liez le persil et la coriandre en botte.

Dans la marmite du couscoussier, mettez la viande de bœuf. Ajoutez la botte de persil et coriandre, l'oignon réservé coupé en 2, le restant de safran en poudre. Salez, poivrez. Versez 15 cl d'huile végétale et 2 l d'eau. Laissez cuire 4 h.

confits et raisins secs

VICTORIA BERDUGO

Cuisson : 4 h

Préparez la semoule en l'imbibant légèrement d'eau et en la fraisant entre les paumes de la main.

Malaxez la semoule en l'imbibant d'huile végétale et continuez à la fraiser entre les paumes des mains.

Faites cuire la semoule 1 h dans la passoire du couscoussier en renouvelant continuellement, 6 fois de suite, les opérations de fraisages avec l'eau et l'huile. Dressez le couscous aux oignons et raisins dans un plat. Présentez à part le bouillon.

M'HAMED
CHAHID

Couscous complet

10 personnes | ★★ | Préparation: 30 min

1 kg de semoule de blé dur concassé
2 kg de jarret de veau
300 g d'oignons
1 bouquet de persil plat
1 bouquet de coriandre
5 pistils de safran
1 sachet de colorant safran

1 cuillère à café de gingembre moulu
100 g de smen
2 kg de jeunes fèves
5 cl d'huile de table
Sel
Poivre

Plat très saisonnier, ce couscous complet au jarret de veau est préparé au printemps, lorsqu' apparaissent les premières fèves. D'autres garnitures peuvent cependant l'agrémenter : un assortiment de sept légumes (carottes, navets, courgettes, chou, courge, pois chiches et oignons), une compotée d'oignons aux raisins secs, ou encore de la courge rouge, spécialité de Doukhala.

La base de ce plat est une semoule de blé dur complet, à l'aspect concassé et de couleur beige clair : cette dchicha est également préparée à base d'orge. Dans le couscoussier, elle cuit grâce aux vapeurs dégagées par le jarret de veau en sauce. La préparation demande trois phases de cuisson d'environ 20 minutes. Au départ, les grains de couscous obstruent en partie les petits trous de la passoire, puis ramollissent en cuisant. Quand la vapeur recommence à se dégager nettement du récipient, la phase de cuisson est terminée. Vous pouvez transférer la semoule dans un plat pour la travailler avec un morceau de smen.

Très apprécié par les Marocains, ce beurre de conservation à l'odeur assez prononcée, est travaillé avec de l'eau chaude et du sel puis versé dans des jarres. Il reste disponible plusieurs mois. Toutefois, vous pouvez le remplacer par du beurre salé ordinaire.

Pour assurer l'étanchéité du couscoussier, prenez la précaution d'entourer la jonction entre les deux récipients avec un cordon de papier d'aluminium noué aux deux extrémités. Les Marocains emploient souvent pour cette opération un morceau de tissu fin ou kfal.

Notre chef agrémente son jarret aux jeunes fèves. Lorsqu'elles commencent à apparaître, leur gousse est très tendre et remplie de graines minuscules. Comme des pois gourmands, elles sont mises à cuire dans la sauce et servies entières. Aussi, vous n'aurez pas besoin de les écosser, et le résultat sera très décoratif.

Découpez le jarret en grosses tranches. Disposez-les dans la marmite du couscoussier. Arrosez d'huile. Ajoutez les oignons émincés.

Ajoutez ensuite les bouquets de coriandre et de persil ficelés.

Assaisonnez la viande avec du colorant safran, du gingembre, des pistils de safran, du sel et du poivre. Mouillez avec 2 litres d'eau. Portez à ébullition.

au jarret de veau et fèves

M'HAMED
CHAHID

Cuisson : 1 h

Disposez la semoule dans un grand plat. Aspergez-la d'un filet d'eau froide, et travaillez-la du bout des doigts, en l'égrainant. Versez-la dans la passoire et posez le tout sur le marmite de viande. Faites cuire 20 min.

Au bout de ce temps, transférez la semoule dans un plat. Du bout des doigts, travaillez-la avec un morceau de smen. Remettez la semoule dans la passoire et refaites-la cuire 20 min à la vapeur du couscoussier.

Hors du feu, travaillez de nouveau la semoule avec le smen. Ajoutez les fèves dans la sauce de la viande. Procédez à une dernière cuisson de 20 min. Versez la semoule de service. Surmontez-la avec le jarret et les fèves. Servez la sauce à part.

LAHOUSSINE
BEL MOUFID

Couscous de homard

4 personnes ★★ **Préparation : 50 min**

2 homards de 1,5 kg pièce
2 bottes de cresson
500 g de semoule fine
1 oignon
1 pointe de gingembre en poudre
250 g de petits oignons frais
1 botte de persil
1 botte de coriandre

50 cl de crème fraîche liquide
150 g de beurre
3 cuillères à soupe d'huile végétale
Sel
Poivre

Décoration :
Branche de cresson

Très attaché au patrimoine culinaire de son pays, Lahoussine Bel Moufid s'inspire des particularismes régionaux pour créer des plats d'une subtilité exceptionnelle. Ce grand chef marocain ne peut s'empêcher d'innover pour le plus grand plaisir des gourmets. S'inspirant toujours de plats traditionnels, il se fait artiste et réécrit un répertoire où se marie saveurs orientales et méditerranéennes.

Ce couscous de homard à la crème de cresson illustre parfaitement ses recherches culinaires. L'idée de ce mets raffiné lui est venue de l'Atlas. Au Maroc, la région d'Imouzzer des Ida, où vivent les Berbères, est réputée pour la pureté de ses sources et rivières. Les habitants cueillent le cresson sauvage, le mélangent à de la crème et le consomment avec de la semoule. Souhaitant agrémenter ce couscous végétarien, notre chef a tout naturellement pensé aux écrevisses, hôtes des eaux limpides.

Cette idée l'a ensuite menée au homard, crustacé de mer, très noble et recherché des gastronomes. Doté d'une épaisse carapace, son abdomen possède sept anneaux remplis de chair blanche, dense et savoureuse. La première paire de pattes comporte de puissantes pinces, très charnues. Pensez à retirer la poche à gravier, située à la naissance de la tête et les intestins positionnés sous la queue. Sur les étals, le homard est toujours présenté vivant. Il doit impérativement remuer les pattes et posséder une carapace intacte. Selon vos goûts ou budget, vous pouvez opter pour de la langouste ou des écrevisses.

Quant au cresson, choisissez-le bien vert, très frais, les tiges et feuilles intactes. Il se conserve seulement un jour au réfrigérateur. Ces plantes vivaces doivent toujours être triées, lavées et égouttées soigneusement.

Le couscous de homard à la crème de cresson est un mets tout simplement exquis.

Préparez la semoule en la mélangeant du bout des doigts, avec 3 c. à s. d'huile végétale. Versez un peu d'eau et fraisez-la.

Dans la marmite du couscoussier, faites chauffer de l'eau avec oignon et coriandre ciselés et la moitié du persil. Salez. À ébullition, faites cuire la semoule 15 min. Mouillez-la de nouveau. Faites-la cuire, 15 min. Renouvelez 1 fois l'opération.

Lavez les 2 bottes de cresson. Effeuille 1 botte. À l'aide d'un pilon, écrasez le feuilles dans un mortier. Filtrez l bouillon de la marmite du couscoussier e réservez.

à la crème de cresson

LAHOUSSINE
BEL MOUFID

Cuisson : 1 h

Coupez les homards dans le sens de la longueur en commençant par la tête. Cassez les pâtes.

Épluchez, hachez et faites suer avec 100 g de beurre les petits oignons frais. Ajoutez coriandre, persil ciselés, gingembre, cresson pilé. Salez, poivrez. Disposez les homards. Versez un peu de bouillon. Faites cuire 5 min. Réservez les homards.

Ajoutez crème fraîche et cresson en branche. Faites réduire la sauce aux 3/4. Remettez les homards. Mélangez la semoule avec le restant de beurre. Dressez dans un plat, le couscous de homard à la crème de cresson.

MOHAMED TASTIFT

Couscous ibrine

4 personnes | ★★ | **Préparation : 35 min**

800 g de semoule d'orge
2,5 kg de queue de bœuf
200 g de tomates
300 g de carottes
200 g d'oignons
200 g de courgettes
180 g de navets

1 botte de coriandre
1 cuillère à café de paprika
1 cuillère à café de smen (beurre rance)
6 cuillères à soupe d'huile d'olive
Sel
Poivre

Les Berbères emploient le mot *ibrine* pour désigner la semoule d'orge. Très appréciée dans le Sud marocain, cette céréale entre dans la composition de nombreux mets, notamment dans les soupes. Dans la région de Ouarzazate, le couscous *ibrine* à la queue de bœuf est un plat extrêmement populaire. Selon notre chef, les familles berbères le consomment quasiment chaque soir ! Pour varier cette préparation, le bœuf est parfois remplacé par de l'agneau ou du poulet.

En revanche, la semoule est toujours composée d'orge perlé. Après avoir été mondés, les grains sont réduits à l'état de petites perles rondes par un passage entre deux meules. Cultivé depuis des millénaires, l'orge reste la matière première du malt et de la bière. Cette céréale a la réputation de se marier idéalement à la queue de bœuf.

La réussite du couscous passe impérativement par le travail de la semoule. Elle doit cuire à plusieurs reprises dans le *keskess*, partie haute du couscoussier. En cours de préparation, vous devrez la fraiser avec de l'huile d'olive et de l'eau.

Pour retrouver les saveurs berbères, notre chef parfume au dernier moment la semoule d'orge de *smen*, beurre rance. Utilisé comme condiment, ce dernier se caractérise par un goût âcre et puissant. À défaut, vous pouvez éventuellement le remplacer par une cuillère d'huile d'olive.

Quant à la queue de bœuf, une cuisson douce et prolongée permet de libérer la gélatine. Cette partie de l'animal a l'avantage d'offrir une bonne proportion de viande maigre. Pour réaliser cette recette, vous devez découper la queue en tronçons. Nous vous proposons de demander, la veille, à votre boucher de les préparer. Ainsi, vous pourrez plus facilement retirer la graisse de la surface.

Riche en légumes, le couscous *ibrine* à la queue de bœuf est un plat original. Les Berbères le dégustent habituellement avec peu de sauce pour mieux honorer la semoule d'orge.

Épluchez les courgettes, carottes, navets, oignons. Lavez les tomates. Taillez tous les légumes dans le sens de la longueur. Ficelez la botte de coriandre.

Découpez la queue de bœuf à chaque jointure. Dans la marmite du couscoussier, mettez les morceaux de bœuf, d'oignons, la botte de coriandre. Salez, poivrez. Ajoutez le paprika. Mouillez à hauteur et faites cuire entre 1 h et 1 h 30.

À ébullition, mettez la semoule d'orge dans la passoire du couscoussier. Faites-la cuire à la vapeur environ 5 min.

à la queue de bœuf

MOHAMED TASTIFT

Cuisson : 1 h 30

Rincez à l'eau, la semoule d'orge. Égouttez-la. Mettez un peu d'huile d'olive. Travaillez à la main la semoule. Laissez-la gonfler. Remettez-la en cuisson 15 min. Renouvelez l'opération en ajoutant eau et l'huile d'olive. Faites cuire 20 min. Salez.

Aux 3/4 de la cuisson du couscous, ajoutez les légumes. Laissez cuire. 10 min avant la fin de la cuisson, ajoutez les tomates et 1 pointe de beurre rance.

Mettez dans la semoule le restant de beurre rance et travaillez-la à la main. Dressez le couscous ibrine dans un plat. Présentez le bouillon dans un bol.

MOHAMMED
AITALI

Couscous t'faya

4 personnes ★★ **Préparation : 45 min**

Couscous :
350 g de semoule pour couscous
3 cl d'huile de table
Sel

Poulet :
1 poulet de 1,2 kg
300 g d'oignons
1 pincée de gingembre en poudre
2 pincées de safran
10 cl d'huile d'olive
20 g de persil plat

20 g de coriandre fraîche
Sel
Poivre

T'faya :
200 g de raisins secs blonds
50 g de sucre semoule
5 g de cannelle en poudre
1 cl d'eau de fleurs d'oranger
30 g de beurre
4 oignons
Poivre

Aucune famille marocaine ne saurait se passer d'un couscoussier dans sa batterie de cuisine. Ainsi, chacun peut se livrer à la confection du plat national : le couscous. Mohammed Aitali vous propose ici du poulet cuit dans une sauce aux oignons, herbes et safran, servi sur la semoule en compagnie d'une *t'faya*, fondante compote d'oignons aux raisins et à la cannelle. Ce plat citadin est préparé à l'occasion des fêtes et des mariages.

Chaque coin du Maroc vous réserve "sa" recette traditionnelle de couscous : *bidawi* aux sept légumes, couscous berbère *belboula* à l'orge et à la viande, *sekkouk* au petit-lait, couscous aux fèves et aux figues vertes, ou encore *medfoun*, dans lequel les pigeons se dissimulent sous la semoule.

L'indispensable couscoussier se décline en plusieurs appellations : la marmite basse, utilisée pour faire cuire le mets en sauce ou bouillir l'eau se nomme *barma*, *tanjra* ou *marmita* selon les régions. On désigne la passoire qui contient la semoule sous le nom de *keskes*. Enfin, le tissu coincé entre les deux parties pour en assurer l'étanchéité s'appelle le *keffal*. De nos jours, la plupart des cuisiniers utilisent un couscoussier métallique. Cependant, les habitants de la campagne sont encore attachés à leur couscoussier traditionnel en argile.

Une semoule de blé dur de calibre moyen conviendra parfaitement à ce couscous. Dans les commerce, vous avez le choix entre trois variétés : fine, moyenne et grosse. Il existe également d'autres couscous qui mettent en valeur la semoule d'orge ou de maïs.

Après les avoir découpés, prenez la précaution de rincer les morceaux de poulet à l'eau froide. Il est nécessaire de bien les frotter avec les doigts sous l'eau du robinet, pour enlever les résidus de sang et les impuretés. Si votre volaille sèche trop en cuisant et commence à attacher au fond, n'hésitez pas à ajouter un peu d'eau, mélangez et continuez la cuisson.

Découpez le poulet en tranchant d'abord les cuisses. Ouvrez-le dans la longueur de la poitrine. Tranchez l'os de la colonne vertébrale. Recoupez chaque morceau en 2 ou en 4. Rincez-les bien à l'eau froide, essuyez-les.

Préparez les ingrédients de la marinade : épluchez et hachez les oignons, persil et coriandre. Mélangez le tout dans une terrine. Salez, poivrez et parfumez avec 1 pincée de gingembre, de safran et un filet d'huile d'olive.

Déposez les morceaux de poulet dans une marmite nappée d'huile. Faites-les revenir quelques instants à feu vif. Ajoutez la marinade d'herbes sur le poulet. Mélangez. Saupoudrez d'1 pincée de safran. Faites cuire de 20 à 25 min.

au poulet

MOHAMMED AITALI

Cuisson : 1 h 50

Versez la semoule dans un plat creux. Arrosez-la d'un filet d'huile d'olive et d'un peu d'eau, travaillez à la main. Faites-la cuire 3 fois 20 min à la vapeur, en la travaillant avec du sel et de l'eau entre chaque cuisson.

Pour la t'faya, faites revenir à l'huile les oignons émincés. Ajoutez les raisins secs, puis la cannelle, le poivre et le beurre. Tournez un instant sur feu vif. Mouillez d'eau à hauteur.

Parfumez la t'faya à l'eau de fleurs d'oranger. Mettez à cuire 15 min. À mi-cuisson, ajoutez le sucre dans la préparation. Achevez de cuire. Dressez le couscous sur un plat, et disposez par-dessus les morceaux de poulet et la t'faya.

ABDELMALEK EL MERAOUI

Dchicha

6 à 8 personnes ★★ **Préparation: 1 h**

2 kg de dchicha
50 cl d'huile d'argane
1,5 kg de jarret de veau désossé
500 g de carottes
500 g de navets
500 g d'oignons
500 g de courgettes
250 g de courge rouge
500 g de chou blanc

500 g de tomates
1 bouquet de persil plat
1 bouquet de coriandre
1 pincée de paprika
1 pincée de gingembre en poudre
1 pincée de colorant safran
Sel
Poivre

Les cuisiniers du Sous préparent à l'intention des gourmets la dchicha aux légumes, couscous à la fois original et très coloré. La région d'Agadir est en effet une plaine fertile réputée pour ses productions céréalières, ses cultures maraîchères (tomates, fraises...) et ses oliviers.

L'appellation de notre recette provient de la semoule utilisée. À base d'orge, les grains de la dchicha sont finement concassés. Après l'avoir fait cuire à la vapeur, les Soussi mélangent volontiers la dchicha avec du lait chaud pour en faire une bouillie, ou bien avec du lben (petit-lait). Ils apprécient également les barkouks, préparations à la semoule dégustées avec du miel ou de la sauce amelou au miel, amandes et à l'huile d'argane.

L'huile d'argane, qui apporte sa puissante saveur au plat est extraite des fruits d'un arbre sauvage. Ces derniers sont de couleur jaune ou beige et gros comme des olives. Haut de 8 à 10 m, le tronc de l'arganier est noueux et composé de multiples rejets, et son feuillage est très dense.

On le trouve au sud-ouest du Maroc, dans les lieux sauvages qui s'étendent du nord-ouest d'Essaouira jusqu'à la vallée du Sous.

Les courges rouges enrichissent très souvent les couscous marocains. Peu importe leur forme, allongée ou arrondie : seul compte leur intense coloris rouge vif. Les meilleures proviennent toujours de la région de Doukhala.

Pour la perfection de la recette, vous commencerez par malaxer longuement la semoule avec de l'eau tiède, du bout des doigts jusqu'à ce que tous les grains soient imbibés et un peu gonflés. C'est à ce moment-là seulement que vous ajouterez l'huile d'argane. Ensuite, laissez impérativement reposer la semoule pour qu'elle absorbe suffisamment l'eau et l'huile. Vous aurez le temps de préparer la viande pendant ce temps là. Entre les phases de cuisson, vous travaillerez encore la dchicha dans un plat, avec de l'eau froide salée et de l'huile d'argane.

Grattez et coupez les carottes en demi-tronçons. Épluchez les navets, coupez-les en quartiers avec le chou. Cannelez et détaillez les courgettes en bâtonnets. Epluchez un quartier de courge, découpez-le grossièrement. Émincez les oignons.

Versez la dchicha dans un plat. Du bout des doigts, travaillez-la en ajoutant un peu d'eau chaude au fur et à mesure. Versez de l'huile d'argane dans votre main et dispersez-la dans la dchicha. Travaillez de nouveau avec les doigts.

Dans la marmite basse du couscoussier faites saisir le jarret de veau. Ajoutez les oignons émincés. Puis mouillez pour préparer le bouillon. Portez à ébullition.

soussia

ABDELMALEK
EL MERAOUI

Cuisson : 50 min

Versez la dchicha dans la passoire du couscoussier. Posez-la sur la marmite basse, couvrez, et faites cuire pendant 15 min à la vapeur.

Au bout de ce temps, parsemez la viande de sel, poivre, gingembre, paprika et colorant. Ajoutez navets, carottes et un grand verre d'eau. Faites cuire la dchicha en 2 autres phases de 15 min, et travaillez-la avec eau froide et huile entre chaque cuisson.

À mi-cuisson des légumes, ajoutez-leur courgettes, demi-tomates, courge, chou, bouquet de persil et coriandre. Achevez la cuisson comme indiqué en phase 5. Dressez la semoule en dôme sur un plat, surmontez de viande et entourez de morceaux de légumes.

KHADIJA
BENSDIRA

Tajine aux dattes

4 personnes ★ **Préparation: 35 min**

500 g d'épaule d'agneau
400 g de dattes mahjoul
200 g de noix décortiquées
2 cl d'eau de fleur d'oranger
10 cl d'huile olive

Marinade :
1 cuillère à café de gingembre en poudre
1 cuillère à café de pistils de safran
3 gousses d'ail
2 oignons

1 bâtonnet de cannelle
Sel
Poivre

Sirop :
2 cl d'eau de fleur d'oranger
1/2 cuillère à café de cannelle en poudre
300 g de sucre semoule

Décoration :
50 g de cerneaux de noix

Habituellement, les tajines sucrés, figurant au patrimoine populaire, se composent de figues ou d'abricots. Si les dattes viennent à remplacer ces fruits secs, il s'agit alors d'un mets luxueux et d'exception.

Ce tajine est généralement proposé lors des cérémonies de mariage. Il arrive parfois que ce plat, relativement coûteux, soit aussi réalisé pour un hôte particulièrement apprécié. Pour les Marocains, les dattes sont chargées de symboles. Elles personnifient l'hospitalité et le respect de l'invité. Si vous avez le bonheur d'être convié dans une famille, vous vous verrez offrir, en signe de bienvenue, l'offrande du lait et des dattes. C'est dire l'importance accordée à ces fruits providentiels.

Khadija Bensdira, ambassadrice de l'art culinaire marocain à travers le monde, vous recommande d'opter pour la variété mahjoul. Ces dattes, produites dans la région de Ouarzazate, se caractérisent par leur grosseur et leur saveur moelleuse. Excellentes, elles s'adaptent parfaitement à ce tajine. Pour éviter aux dattes farcies de se détacher, remuez-les très délicatement dans le sirop.

Quant aux noix, elles sont réputées pour leurs richesses en cuivre et magnésium. Ces fruits du noyer sont formés d'une coque dure, renfermant une amande constituée de deux cerneaux couverts d'une mince pellicule jaune plus ou moins foncée. Pour redonner une jeunesse éternelle à ces fruits secs, notre chef vous conseille de les tremper quelques heures dans un bain de lait chaud. La pellicule partira toute seule et les noix reprendront alors une apparence flatteuse.

Ce tajine est avant tout une spécialité des villes impériales. Très raffiné, ce plat de fête regorge de convivialité, si précieuse aux cœurs des Marocains.

Dénoyautez les dattes. Farcissez-les avec les noix. Faites-les macérer, environ 5 min, dans 2 cl d'eau de fleur d'oranger.

Préparez la marinade en mettant dans un saladier les gousses d'ail écrasées et les oignons ciselés. Ajoutez les pistils de safran, le gingembre en poudre, le bâtonnet de cannelle, le sel et le poivre. Versez un verre d'eau et mélangez.

Découpez l'épaule d'agneau en morceaux réguliers. Incorporez-les dans la marinade. Mélangez avec une spatule en bois.

et aux noix

KHADIJA
BENSDIRA

Cuisson : 1 h 10

Mettez en cuisson les morceaux d'agneau et la marinade. Mouillez d'eau à hauteur. À ébullition, ajoutez 10 cl d'huile d'olive. Laissez cuire environ 1 h.

Préparez le sirop en faisant chauffer 75 cl d'eau, le sucre et la fleur d'oranger. À ébullition, ajoutez la poudre de cannelle. Incorporez dans le sirop chaud, les dattes farcies. Retirez-les et réservez.

Dans le sirop, faites tremper les cerneaux de noix. Faites-les sécher au four, à 150°C, entre 3 et 4 min. Dressez le tajine dans le plat. Posez sur chaque datte farcie un cerneau de noix.

MOHAMED TASTIFT

Tajine d'Agadir

4 personnes ★ **Préparation : 40 min**

1,5 kg de grondin
100 g de poivrons rouges
100 g de poivrons verts
1 kg de pommes de terre
2 citrons
2 tomates
2 cuillères à soupe d'huile d'olive

Chermoula (marinade) :
1 botte de persil
1 botte de coriandre
3 gousses d'ail

1 citron
1 cuillère à café de paprika
1 cuillère à café de cumin
1 bâtonnet de cannelle
2 cuillères à soupe d'huile d'olive
Sel
Poivre

Décoration :
1/2 citron confit
100 g d'olives vertes dénoyautées

Ce *tajine* de poisson est une préparation spécifique à la ville d'Agadir. Le nom de cette cité balnéaire, située sur la côte Atlantique du Maroc, est à lui seul une invitation au *farniente*... Grâce à son ensoleillement exceptionnel et à ses kilomètres de plages de sable fin, Agadir est particulièrement prisée des vacanciers. Cette renommée touristique exceptionnelle ne doit pas faire oublier pour autant les ressources maritimes de la ville.

En effet, pour les habitants, la pêche est une activité ancestrale, comme en témoignent les nombreux chalutiers et les conserveries de poissons. Cette région côtière offre tout naturellement, dans sa gastronomie, une place d'honneur aux produits de la mer.

Le *tajine* de grondin est un plat très populaire. Traditionnellement cuit à la braise sur le *kanoun*, un *brasero*, ce mets délicieux demande peu de préparation.

Le grondin également appelé rouget grondin, n'a rien de commun avec le rouget barbet si ce n'est sa couleur rouge-rosée. Ce poisson, peu onéreux, se prépare généralement en soupe, bouillabaisse ou matelote. Choisissez-le de préférence le corps bien rigide, le ventre plein, l'œil clair et bombé, les écailles brillantes et intactes, les ouïes rouges. Ce poisson, riche en potassium et calcium, se caractérise par une chair maigre, blanche et ferme. Selon l'arrivage, notre chef vous propose aussi d'opter pour un pageot qui comme le grondin s'accommode idéalement à la *chermoula*.

Cette dernière est un mélange typiquement oriental, préparé couramment dans la gastronomie marocaine pour relever et parfumer de nombreux plats. Cette marinade aromatise merveilleusement les poissons. Selon les régions ou les familles, les épices utilisées peuvent varier légèrement. En revanche, les plantes aromatiques, comme le persil plat ou la coriandre, sont toujours présentes.

Le *tajine* d'Agadir au grondin est une spécialité particulièrement riche en saveurs. Dans les assiettes, ce mets raffiné offre un très beau voyage culinaire.

Habillez le grondin en coupant les nageoires dorsales, ventrales et caudales. Videz-le et enlevez la tête. Découpez le poisson en darnes régulières.

Préparez la chermoula en pressant le jus du citron, en écrasant les gousses d'ail et en ciselant la coriandre et le persil. Ajoutez, sel, poivre, paprika, cumin, bâtonnet de cannelle et 2 c. à s. d'huile d'olive. Mélangez et ajoutez les darnes de grondin.

Épluchez les pommes de terre et coupez-les en rondelles.

au grondin

MOHAMED TASTIFT

Cuisson : 45 min

Coupez les poivrons rouges et verts en lamelles et épépinez-les. Lavez les tomates et coupez-les en rondelles ainsi que les 2 citrons.

Dans une casserole, faites chauffer 2 c. à s. d'huile d'olive, mettez les rondelles de pommes de terre. Ajoutez les darnes de grondin marinées. Délayez le restant de chermoula dans 1 verre d'eau. Versez-la dans la préparation.

Ajoutez les poivrons et les citrons coupés. Cuire à feu doux, environ 30 min. Disposez les tomates. Cuire environ 15 min. Dressez le tajine dans un plat, décorez avec les olives vertes et des zestes de citron confit.

MOHAMED
TASTIFT

Tajine d'agneau

4 personnes ★ **Préparation: 30 min**

1,5 kg d'épaule d'agneau
1 oignon
200 g de carottes
180 g de courgettes
300 g de pommes de terre
200 g de tomates
1 botte de coriandre
1 cuillère à café de paprika

1 bâtonnet de cannelle
1 cuillère à café de ras el hanout
2 cuillères à soupe d'huile d'olive
Sel
Poivre

Décoration :
150 g d'olives vertes dénoyautées

Le tajine ou plutôt les tajines portent le nom du plat vernissé et conique dans lequel mijotent longuement les ragoûts. Selon les familles et les régions, ces mets se composent d'agneau, poulet ou poisson. Le secret de la réussite de ce plat réside dans la cuisson du court-bouillon. Très concentré, ce dernier dégage l'essence de la viande et multiplie les saveurs des épices.

Le tajine à l'agneau, proposé par notre chef, est typiquement berbère. Cette spécialité des villes de Ouarzazate et Zagora, situées dans le Sud marocain, est généralement proposée lors des mariages. Les hommes se chargent de préparer en abondance ce plat. Ils arrivent dès le matin avec leur tajine et préparent le kanoun, le brasero, sur lequel l'agneau mariné et les légumes vont cuire lentement de longues heures. Pendant que l'un d'entre-eux surveille la braise, les autres rejoignent les musiciens et commencent à danser.

Dans la tradition berbère, comme dans la communauté arabe, la viande d'agneau occupe une place privilégiée. Offrir cette dernière à un hôte est un signe d'attention. Assez parfumée et tendre, l'épaule est réputée pour sa saveur particulière.

Il est impératif, avant de dresser le tajine, de bien réduire la sauce. Celle-ci doit dévoiler toutes les saveurs des épices et aromates dont la coriandre. Également appelée "persil arabe", cette plante aromatique est très utilisée dans la gastronomie marocaine. Présente dans les salades, soupes et sauces, elle parfume admirablement les ragoûts.

Le tajine d'agneau à la berbère est un mets assez consistant. Riche en légumes, ce plat traditionnel regorge de convivialité et offre à la table un air de fête.

Après avoir dégraissé l'épaule d'agneau, coupez-la en morceaux.

Épluchez les pommes de terre, les carottes, rincez les courgettes. Coupez ces légumes en bâtonnets. Épluchez l'oignon et émincez-le. Lavez les tomates et coupez-les en rondelles.

Faites rissoler les morceaux d'épaule ave[c] 2 c. à s. d'huile d'olive. Ajoutez les mor[-] ceaux de courgettes, oignon, pommes d[e] terre et carottes. Mettez le bâtonnet d[e] cannelle.

à la berbère

MOHAMED
TASTIFT

Cuisson : 1 h 10

Ajoutez dans la préparation, le paprika, le ras el hanout. Salez, poivrez. Recouvrez d'eau à hauteur. Faites cuire à couvert, environ 50 min.

Ajoutez les rondelles de tomates et la coriandre ciselée. Laissez cuire à couvert entre 10 et 15 min.

Réservez les morceaux d'épaule et les légumes. Faites réduire la sauce. Dressez dans un plat, le tajine d'agneau avec les légumes et la sauce. Décorez avec les olives vertes.

MOHAMMED
AITALI

Tajine d'agneau

4 personnes ★★ **Préparation : 25 min**

1,4 kg de coffre d'agneau
250 g d'oignons
20 g d'ail
15 g de persil plat
10 g de coriandre
1 pincée de gingembre en poudre
4 cl d'huile d'olive
2 bâtons de cannelle
1 pincée de safran en poudre
Sel
Poivre

Finition :
150 g de pruneaux
50 g de sucre semoule
2 bâtons de cannelle
100 g d'amandes mondées
4 cl d'huile de table
Feuilles de persil

Les gourmets marocains ont développé une infinie variété de *tajines rghalmi*, à l'agneau. Mêlant les saveurs d'une viande très tendre au moelleux des pruneaux pochés et au croustillant des amandes frites, notre plat porte en arabe le doux nom de *tajine barkouk bel louz*. Selon les goûts, le *tajine rghalmi* présente parfois un assortiment de légumes (haricots verts, carottes, courgettes et navets), des oignons aux raisins secs, des amandes seules, des coings sucrés, des poires, des abricots secs ou encore un mélange d'olives et citron confit.

À la base de la recette, nous trouvons de la viande prélevée sur le "coffre" d'agneau. Cette pièce comprend quelques côtes avec un morceau d'épaule ou de gigot. Les cuisiniers marocains considèrent l'épaule comme un "morceau à tout faire" dans de nombreux plats. Une expression arabe indique même aux marmitons novices : *"si vous ne connaissez rien en cuisine, demandez au boucher de l'épaule"*.

Le mouton le plus connu au Maroc porte le nom de *sardi*. De forme allongée et d'un poids conséquent, il est de couleur blanche avec des taches noires dispersées sur le pelage et la tête. Les lieux d'élevage se situent dans la plaine céréalière de Casablanca, dans la région de Meknès, et dans le Moyen Atlas, aux alentours de Beni Mellal. Le *sardi* est particulièrement prisé lors de la fête de *l'Aïd-el-Kébir*, lorsque les familles marocaines préparent le mouton sous toutes les formes imaginables.

Notre chef a fait pocher ses pruneaux dans un sirop aromatisé à la cannelle. Pour plus de saveur, n'hésitez pas à le parfumer avec des tranches de citron, du poivre moulu et de l'eau de fleurs d'oranger. Riches en arbres fruitiers de toutes sortes, les vergers marocains produisent en particulier des prunes, avec lesquelles on fabrique des pruneaux. Ce fruit séché convient essentiellement aux *tajines* de bœuf et d'agneau.

Désossez le coffre d'agneau. Coupez la chair en cubes réguliers d'environ 50 g chacun.

Faites chauffer 4 cl d'huile d'olive dans un sautoir. Lorsqu'elle est chaude, déposez les morceaux de viande. Faites-les dorer sur toutes leurs faces.

Épluchez les oignons et l'ail, ciselez-les ainsi que le persil et la coriandre. Versez le tout sur la viande. Poudrez de gingembre, sel, poivre et safran. Ajoutez les bâtons de cannelle.

aux amandes et pruneaux

MOHAMMED
AITALI

Cuisson : 50 min

Arrosez le contenu de la casserole avec de l'eau froide, jusqu'à recouvrir les ingrédients. Couvrez. Faites cuire lentement pendant environ 30 min, jusqu'à ce que la viande soit bien tendre.

Préparez les pruneaux : versez de l'eau dans une casserole. Ajoutez le sucre et les bâtons de cannelle. Plongez les pruneaux. Faites-les pocher pendant environ 10 min à feu moyen.

Faites chauffer 4 cl d'huile de table dans une autre casserole. Versez les amandes dans l'huile chaude et faites-les dorer. Disposez la viande au centre de votre plat de service. Décorez de pruneaux, d'amandes frites et de feuilles de persil.

BOUCHAÏB
KAMA

Tajine de cailles

4 personnes ★★ **Préparation : 45 min**

8 cailles
2 oignons
2 gousses d'ail
5 cl d'huile d'olive
5 cl d'huile d'arachide
1 botte de persil
1 botte de coriandre
1 pincée de gingembre

2 pincées de pistils de safran
2 pincées de safran colorant
12 œufs de cailles
50 g de beurre frais
600 g d'épinards frais
15 cl de fond de volaille
Sel
Poivre

Les *tajines* de cailles figurent parmi les délices les plus raffinés de la gastronomie marocaine. Toujours très inventif, Bouchaïb Kama vous propose en avant-première l'une de ses dernières créations : mijotés dans une sauce aux oignons et au safran, les petits morceaux de cailles alternent avec de délicates boulettes d'épinards et des œufs de cailles nappés de beurre safrané.

Le *tajine*, qui désigne toujours un ragoût de viande ou de poisson, prend le nom du plat en terre vernissée coiffé d'un chapeau conique dans lequel on le fait cuire. Les Marocains ont gardé l'habitude de le mitonner au-dessus du *majmar*, récipient en terre cuite rempli de braises chaudes. Cependant, les jolis plats à *tajine* sont difficiles à trouver en dehors du Maroc. À défaut, notre chef vous suggère d'employer pour la cuisson et le service des cailles tout autre plat en terre creux orné de bordures de couleur.

Les cailles cuisinées par notre chef proviennent des montagnes de l'Atlas, où se trouvent quelques élevages. En effet, les restaurants marocains ne servent pas de cailles issues de chasse, de provenance incertaine et souvent mal plombées. Ces dernières sont réservées pour la consommation familiale du chasseur. L'élevage permet de disposer de ces oiseaux à longueur d'année. Vous pourrez cependant réaliser la même recette avec de la dinde, du poulet, du lapin ou du canard.

Assez coûteux, leurs petits œufs ponctués de taches brunes servent surtout à orner les plats de réception les plus raffinés. Dans les campagnes marocaines, les anciens racontent encore que quelques œufs de cailles cuits "al dente" et avalés chaque matin aideraient à soigner l'asthme.

Nettoyez les cailles et rincez-les sous l'eau courante. Coupez le bout des ailes, le cou, et tranchez-les dans la longueur, par le ventre. Recoupez chaque morceau en deux, de manière à obtenir environ 6 morceaux par caille.

Épluchez ail et oignons, ciselez-les ainsi que le persil et la coriandre. Faites saisir les cailles en casserole, dans le mélange d'huiles. Salez et poivrez. Ajoutez ail, oignons, gingembre, 1 pincée de safran en pistils et colorant. Remuez à feu vif pour colorer les cailles.

Lorsque les cailles ont mijoté environ 10 min à feu moyen, ajoutez le fond de volaille. Mélangez.

de l'Atlas

BOUCHAÏB KAMA

Cuisson : 1 h 05

Parsemez immédiatement de coriandre et persil hachés. Couvrez. Remettez à cuire pendant 25 à 30 min.

Pochez les épinards à l'eau salée. Rafraîchissez-les pour qu'ils restent bien verts. Pressez-les, puis hachez-les finement. Dans la paume de la main, roulez-les pour former de petites boulettes.

Pochez les œufs de cailles 5 min, épluchez-les. Faites fondre le beurre dans une petite casserole. Ajoutez 1 pincée de safran et colorant, mélangez sur le feu. Ajoutez les œufs de cailles et remuez-les dans la sauce pour les colorer en jaune.

ABDELMALEK
EL MERAOUI

Tajine de congre

8 personnes ★ **Préparation : 45 min**

2 kg de congre
1 kg d'oignons
500 g de raisins secs
2 bâtons de cannelle
1 pincée de cannelle moulue
5 cl d'huile de table

Chermoula :
1 botte de persil
1 botte de coriandre
1 pincée de cannelle
1 pincée de colorant safran
5 cl d'huile de table
Sel
Poivre

Accompagnement facultatif :
2 ou 3 citrons frais

Grands amateurs de ragoûts, qu'ils appellent localement *tajines*, les Marocains cuisinent fréquemment sous cette forme le congre, la dorade, le pageot, l'ombrinette et le mérou. Cependant, le *tajine* de congre est un plat typique des régions du Sud, et tout particulièrement d'Agadir, célèbre station balnéaire où officie notre chef.

Agadir et Safi arrivent en tête des ports les plus importants du Maroc. C'est là que l'on peut trouver en abondance le meilleur congre marocain. L'apport journalier de poissons dans ces deux villes est tel, que de nombreuses conserveries, usines de congélation et de transformation se sont installées près des quais. Agadir est aussi réputé pour ses milliers de sardines, son pageot, ses rougets...

Le congre se plaît particulièrement en haute mer, dans les eaux très profondes du golfe d'Agadir. Généralement, notre chef emploie des pièces d'environ 2 à 3 kg, mais certains peuvent atteindre jusqu'à 5 kg. Un congre de taille moyenne est paradoxalement plus avantageux qu'un gros, qui comporte une arête centrale volumineuse et génère plus de déchets. Ce poisson est très difficile à débiter en filets. Aussi, le cuit-on toujours sous forme de darnes, en laissant l'arête centrale et la peau pour que la chair ne se défasse pas en cuisson.

Habituellement, toute la préparation de notre recette est effectuée dans un plat à *tajine*, qui sert aussi pour la présentation. Chacun puise ensuite à sa guise dans le plat central pour transférer les morceaux désirés dans sa propre assiette, et sauce le tout avec force morceaux de pain marocain. Dans son restaurant, notre chef pour sa part, propose un petit *tajine* individuel à chacun de ses convives.

Réhydratez au préalable les raisins 15 min dans un bol d'eau tiède. Tranchez la tête du congre. Coupez la queue en gros tronçons. Détaillez-les en darnes d'1,5 cm de largeur, en laissant la peau.

Ciselez persil et coriandre. Épluchez puis émincez les oignons.

Dans un grand saladier, mélangez persil, coriandre, 1 pincée de cannelle, sel, poivre, colorant safran et huile de table pour obtenir une "chermoula". Malaxez les darnes de congre dans la chermoula. Laissez mariner 10 min.

f'faya

ABDELMALEK
EL MERAOUI

Cuisson : 45 min | **Réhydratation des raisins : 15 min** | **Marinade du congre : 10 min**

Disposez les oignons émincés dans un plat à four. Parsemez de raisins égouttés. Nappez d'huile et parfumez avec une pincée de cannelle en poudre. Faites fondre 15 min au four.

Disposez les oignons aux raisins bien dorés dans le fond d'un plat à tajine. Formez un lit d'oignons. Ajoutez les bâtons de cannelle.

Installez les morceaux de congre marinés sur les oignons. Ajoutez un peu d'eau délayée avec la chermoula restante dans le saladier. Couvrez et faites cuire 30 min. Servez bien chaud, accompagné de quartiers de citrons.

BOUCHAÏB KAMA

Tajine de crevettes

4 personnes ★ **Préparation : 30 min**

24 crevettes roses moyennes
2 gousses d'ail
1 gros oignon
1 cuillère à café de piment doux moulu
1 botte de coriandre fraîche
1 botte de persil plat
2 cuillères à soupe de concentré de tomates
4 tomates fraîches moyennes
1 cuillère à soupe d'huile d'olive

1 cuillère à soupe d'huile d'arachide
1 g de pistils de safran
1/2 sachet de safran colorant
400 g de riz basmati
50 g de beurre
1 ou 2 citrons frais
Sel
Poivre

Le *tajine* de crevettes figure parmi les recettes les plus répandues au Maroc. Il y a en effet bien longtemps que les plats de poissons et de crustacés sont arrivés jusque dans les régions de l'intérieur, grâce au développement des conditions de transport.

Longues de 3 500 km, les côtes marocaines se répartissent inégalement entre l'Atlantique et la Méditerranée. Leurs eaux abriteraient plus de 7000 espèces marines, dont 65% de poissons, crustacés et mollusques. Les plus importantes captures de crevettes ont lieu tout au long de l'année dans la partie nord de la côte Atlantique, entre Tan Tan et Tanger.

Bouchaïb Kama a choisi de faire mijoter dans son *tajine* des crevettes roses moyennes. Il en sert six par personne. Pour une présentation plus raffinée, notre chef laisse toujours aux petits crustacés l'extrémité de la queue, mais vous pouvez aussi les décortiquer entièrement.

Proposé en accompagnement, le riz basmati est d'importation indienne. Il se caractérise par ses grains petits et allongés, à l'odeur puissante. Il doit faire l'objet d'une cuisson très attentive, car il s'attendrit beaucoup plus vite qu'un riz ordinaire. Vous constaterez que les grains s'allongent en cuisant et peuvent rapidement devenir pâteux. Après l'avoir mélangé avec le beurre, notre chef vous conseille de le couvrir de papier aluminium, et de le réserver à four chaud ou sur un coin de plaque. Ainsi, le riz va continuer à absorber son humidité et gonfler à la perfection en attendant que le *tajine* de crevettes soit cuit.

Dépourvue de fécule ou de farine, la sauce se liera d'elle-même en toute légèreté avec le concentré de tomates, la tomate fraîche et l'huile d'olive. Comme notre chef, attendez la fin de la cuisson pour incorporer le hachis de persil et coriandre. La sauce révèlera ainsi tous leurs parfums.

Portez une casserole d'eau salée à ébullition. Versez le riz dans l'eau bouillante. Laissez cuire 8 à 10 min. Égouttez-le. Ajoutez un morceau de beurre, couvrez et réservez au chaud.

Enlevez la tête des crevettes, en tirant tout simplement dessus. Du bout des doigts, décortiquez soigneusement la carapace.

Épluchez l'oignon et l'ail. Hachez-les finement ainsi que la coriandre et le persil. Équeutez et rincez les tomates.

au senteurs du Maroc

BOUCHAÏB KAMA

Cuisson : 25 min

Faites chauffer une autre casserole d'eau. Versez les tomates dans l'eau frémissante. Quand leur peau se soulève, retirez-les de l'eau avec une écumoire. Plongez-les dans un saladier d'eau glacée. Épluchez-les.

Sur feu vif, faites revenir dans un mélange huiles d'olive-arachide, oignon, l'ail, safran en pistils et colorant, piment, sel, poivre. Ajoutez les crevettes, laissez revenir un instant. Ajoutez enfin concentré délayé et tomates fraîches. Faites cuire encore 5 min.

Parsemez les crevettes avec la coriandre et le persil. Laissez encore la préparation sur le feu quelques instants et mélangez jusqu'à ce que la sauce soit liée. Accompagnez de quartiers de citron.

LAHOUSSINE
BEL MOUFID

Tajine de

4 personnes ★ **Préparation : 35 min**

8 crevettes royales
800 g de pommes de terre
2 oignons
4 gousses d'ail
1 bouquet de coriandre
1 bouquet de persil
4 tomates
1 pincée de pistils de safran

3 cuillères à soupe d'huile d'olive
Sel
Poivre

Décoration :
Feuille de persil
1 citron confit
300 g d'olives noires confites

Le *tajine* de crevettes royales est une création de notre chef. Facile à réaliser, ce mets raffiné rappelle les saveurs et les couleurs de la Méditerranée.

De taille imposante, les crevettes royales sont reconnaissables à leur couleur rouge vif. Leur chair délicate demande peu de cuisson. Présentes sur les étals des marchés marocains, elles peuvent être remplacées par des gambas. Vous pouvez également utiliser de la lotte ou de la daurade.

Dans ce *tajine*, les pommes de terre accompagnent admirablement les crevettes. Ces légumes, originaires d'Amérique du Sud, sont consommés dans le monde entier. Cultivées en abondance en Afrique du Nord, les pommes de terre nouvelles sont exportées, dès le printemps, vers l'Europe. Nous vous conseillons de sélectionner celles dont la peau est lisse, sans germes apparents, ni taches. Pour les conserver, choisissez de préférence un endroit sec et frais, à l'abri de la lumière.

Très parfumé, ce mets dévoile les saveurs spécifiques du persil. Cette plante aromatique doit être bien verte, fraîche, les feuilles et les tiges rigides.

Quant à l'ail, notre chef le sale légèrement afin d'adoucir sa puissante saveur. Cultivée depuis plus de 5000 ans, cette plante à bulbe, originaire d'Asie centrale, est réputée pour favoriser la circulation du sang. Très prisé des Méditerranéens qui l'utilisent dans la plupart de leurs préparations salées, l'ail est un excellent condiment. Ses gousses doivent être dures et pleines.

Si vous souhaitez rehausser les saveurs de ce plat, notre chef vous recommande de verser, en début de cuisson, un jus de citron.

Le *tajine* de crevettes royales regorge de couleurs. Dans les assiettes, ce mets ensoleillé se révèle convivial et chaleureux.

Décortiquez les crevettes royales en conservant la tête accrochée au corps.

Épluchez les pommes de terre et coupez-les en gros dés. Réservez-les dans un récipient rempli d'eau.

Épluchez les oignons et les gousses d'ai[l]. Hachez-les. Lavez et ciselez la coriandre e[t] le persil. Faites-les revenir dans l'huil[e] d'olive avec les pistils de safran. Sale[z,] poivrez.

crevettes royales

LAHOUSSINE
BEL MOUFID

Cuisson : 20 min

Mondez les tomates pour les peler. Épépinez-les et coupez-les en petits dés. Pour la décoration, coupez les olives confites et le citron en brunoise. Réservez.

Dans la casserole, ajoutez les dés de pommes de terre égouttés. Mélangez. Versez un verre d'eau. Faites cuire, environ 10 min.

Ajoutez les crevettes. Faites cuire, environ 6 min. Disposez les dés de tomates. Faites mijoter quelques minutes. Dressez le tajine aux crevettes dans le plat, versez de la sauce. Décorez avec le citron confit, les dés d'olives et la feuille de persil.

**ABDELMALEK
EL MERAOUI**

Tajine de lotte

4 à 6 personnes | **★★** | **Préparation: 40 min**

1,5 kg de lotte
250 g d'olives violettes
1 citron frais

Chermoula :
2 gousses d'ail
2 citrons frais
50 g de citron confit
1 pincée de gingembre en poudre

2 pincées de paprika
2 g de pistils de safran
1 botte de persil
1 botte de coriandre
2 pincées de cumin
1 filet d'huile d'argane
Sel
Poivre

Poisson réservé aux repas de cérémonie, la lotte marocaine est capturée aussi bien en Méditerranée que sur la côte Atlantique. Elle est ramenée en petite quantité par des navires industriels qui vont la pêcher dans les grands fonds. Contrairement à leur collègues européens, les poissonniers marocains la commercialisent avec la tête, énorme et disproportionnée par rapport au corps. Mais l'on peut aussi trouver dans le commerce des queues de lotte ou des filets conditionnés sur les bateaux.

Pourvue d'une grosse arête centrale facile à enlever, chaque lotte vous donnera deux gros filets, que vous recouperez ensuite en médaillons. Même longuement mijotée, leur chair blanche et ferme apporte toujours une belle présentation au plat. C'est pourquoi les cuisiniers marocains aiment élaborer toutes sortes de plats à base de lotte : couscous, tajines aux tomates et oignons, ou dans un mélange de légumes en rondelles : tomates, citrons, pommes de terre et olives rouges.

Notre tajine de lotte révèle un parfum unique du sud-ouest marocain : extraite d'une baie sauvage typique du Sous, l'huile d'argane est produite traditionnellement par broyage de l'amande du fruit. Les premiers géographes arabes du XIIIe siècle la décrivaient déjà dans leurs ouvrages. Ayant observé que les chèvres montaient dans les arganiers pour dévorer les fruits, le voyageur Ali-Ibn-Baytar répandit une méchante légende qui court toujours : il prétendit que les habitants fabriquaient leur huile avec les noyaux rejetés par les animaux.

La sauce est additionnée d'olives noires en fin de cuisson. Selon le classement marocain, ces fruits sont successivement passés par le stade vert, rouge et violet avant de devenir noires, à l'apogée de leur maturité physiologique. Ce sont les petites picholines ou "beldi" qui sont mises en saumure, et en moindre quantité, les variétés "ascolana dura", "ascolona tenera" et "meslala".

Dépecez la lotte. Tranchez successivement des deux côtés de la grosse arête centrale, et dégagez les deux filets. Détaillez-les en médaillons.

Chermoula: hachez ail, coriandre, persil citron confit. Versez l'huile, la moitié de la coriandre, persil et ail, du sel, du poivre, 1pincée de paprika et de cumin, le gingembreet le jus d'1 citron. Faites suer. Ajoutez le citron confit.

Parfumez la sauce chermoula avec des pistils de safran. Mélangez et réservez cette première chermoula.

à l'huile d'argane

ABDELMALEK
EL MERAOUI

Cuisson : 30 min

Chermoula de la marinade : mélangez bien persil, coriandre, et l'ail hachés restants, 1 pincée de paprika et de cumin, du sel et le jus d'1 citron. Déposez les médaillons de lotte dedans, et malaxez-les bien dans la marinade.

Dans la casserole contenant la première chermoula, versez les médaillons de lotte enduits de marinade. Faites cuire environ 20 min à couvert.

Dans une petite casserole, faites chauffer de l'eau additionnée de jus de citron. Versez les olives à l'intérieur, et pochez-les. Égouttez, et faites-les revenir un instant dans la chermoula réduite à part. Servez aussitôt.

ABDELMALEK EL MERAOUI

Tajine de poulet

8 personnes ★★ **Préparation : 30 min**

2 poulets
250 g d'oignons
10 cl d'huile d'olive
1 botte de persil
1 botte de coriandre
1 gousse d'ail
1 pincée de gingembre en poudre
3 ou 4 bâtons de cannelle

4 œufs
1 pincée de pistils de safran
1 pincée de colorant safran
1 citron frais
1 filet de vinaigre blanc
Sel
Poivre

Décoré de motifs vernissés et coiffé de son haut chapeau conique, *le tajine* de poulet *mkaddam souiri* est déposé au milieu de la table, sous le regard alléché des convives. C'est une spécialité provenant de la ville de Souira, station balnéaire toute proche d'Agadir. L'originalité de ce plat réside dans la brouillade d'œufs au persil, que l'on verse sur le poulet mijoté dans une sauce brune. On referme ensuite le chapeau du *tajine* et l'on remet à cuire une dizaine de minutes, jusqu'à ce que le gratin soit pris.

Comme beaucoup de ses confrères marocains, notre chef prend toujours la précaution de bien nettoyer le poulet avec du sel et du vinaigre, puis de le rincer sous l'eau courante avant de le mettre en cuisson. Ces opérations permettent de purifier une nouvelle fois la viande, peut-être souillée depuis qu'elle a été égorgée selon le rite islamique.

Généralement, le poulet marocain "beldi" qui est élevé dans les fermes possède une chair un peu rougeâtre et dure. Sa cuisson est plus longue que celle des volailles industrielles.

Dans notre recette, le poulet est entièrement désossé puis détaillé en morceaux. Ce sont les filets et la chair des cuisses qui cuiront en sauce dans *le tajine*. Plusieurs méthodes de cuisson sont envisageables selon le matériel dont on dispose. Après un long mijotage en cocotte, nous avons versé le poulet et la brouillade d'œufs dans un *tajine* pour achever la cuisson. Cependant, beaucoup de chefs marocains préfèrent réaliser toute la recette dans un grand plat à *tajine*, qu'ils présentent ensuite directement sur la table. À défaut, marmite et plat à gratin remplaceront aisément tous ces ustensiles.

Frottez les poulets avec du vinaigre et du sel pour bien les nettoyer, puis rincez-les. Fendez-les sur le ventre, de chaque côté du bréchet et passez le couteau le long de la carcasse pour dégager filets et cuisses. Détaillez le tout en plus petits morceaux.

Épluchez l'ail et les oignons. Hachez-les ainsi que le persil et la coriandre.

Faites chauffer de l'huile d'olive au fond de votre cocotte. Déposez les oignons dans l'huile bien chaude, laissez-les fondre puis ajoutez les morceaux de poulets.

mkaddam souiri

ABDELMALEK
EL MERAOUI

Cuisson : 35 min

'arsemez les morceaux de poulets avec la :oriandre, les 3/4 du persil, du sel, du oivre et de l'ail.

Ajoutez sur les poulets gingembre, colorant safran, pistils de safran, bâtons de cannelle et jus de citron. Mélangez à la spatule. Couvrez. Laissez cuire 40 min.

Battez les œufs dans une terrine. Ajoutez du persil haché restant. Mélangez. Disposez les poulets dans un plat à tajine. Nappez de préparation aux œufs. Couvrez et faites cuire 10 min. Servez bien chaud, dans le plat de cuisson.

AMINA
KHAYAR

Tajine de poulet

4 personnes ★★ **Préparation: 25 min**

1,5 kg de poulet
100 g de gésiers de volaille
100 g de foies de volaille
100 g de gros sel
350 g d'oignons
5 cl d'huile d'olive
10 cl de vinaigre blanc
2 citrons confits
250 g d'olives rouges

Chermoula :
1 botte de coriandre fraîche
1 sachet de colorant safran
2 g de pistils de safran
5 g de cumin moulu
5 g de cannelle en poudre
5 g de gingembre moulu
30 g d'ail
5 g de sel fin
1 citron frais

Le tajine m'quali figure parmi les recettes les plus répandues et les plus appréciées au Maroc. Mijoté dans une sauce jaune au safran et au gingembre, le tendre poulet est garni en fin de cuisson avec des olives rouges et citrons confits. Soucieuse d'ajouter encore plus de saveur et de raffinement au plat, Amina Khayar décolle la peau du poulet, puis introduit entre chair et peau une farce aux herbes, aux épices et au citron.

Outre le m'quali, la cuisine marocaine comprend trois autres sauces de base destinées aux ragoûts ou tajines : la qadra, qui est une purée d'oignons parfumée au safran, au smen (beurre en conserve) et au poivre, également de couleur jaune ; la sauce rouge m'hammer, relevée au paprika, cumin et huile d'olive ; et enfin la m'chermel, fortement dosée en coriandre et persil.

Pour respecter la loi islamique, notre chef fait tremper à l'eau vinaigrée poulet et abats. Elle élimine ainsi le maximum de sang, d'impuretés et de graisses excédentaires. Elle les rince ensuite abondamment sous l'eau courante. Selon les goûts, vous pourrez faire cuire les abats dans la sauce du poulet, ou bien les mélanger avec les éléments de la marinade et les olives dénoyautées pour farcir l'intérieur de la volaille.

Certains apprécient le poulet m'quali servi dans une sauce légère, allongée d'eau. D'autres la font extrêmement réduire jusqu'à ce que l'huile remonte à la surface. Lors des mariages, de nombreux poulets m'quali sont servis dans une sauce très épaisse, posés par trois sur des plats taous, fayences très originales fabriquées à Fès.

Après avoir mijoté, la volaille est simplement présentée garnie d'olives et citrons confits. Mais vous pouvez aussi la sortir du jus de cuisson et la faire dorer à l'huile pour lui apporter couleur et croustillant. Lors de la dégustation, chacun se régale en trempant des morceaux de pain marocain dans la sauce.

Coupez les ailes du poulet et enlevez la graisse excédentaire. En passant la main par-dessous, décollez énergiquement la peau, sans la détacher complètement.

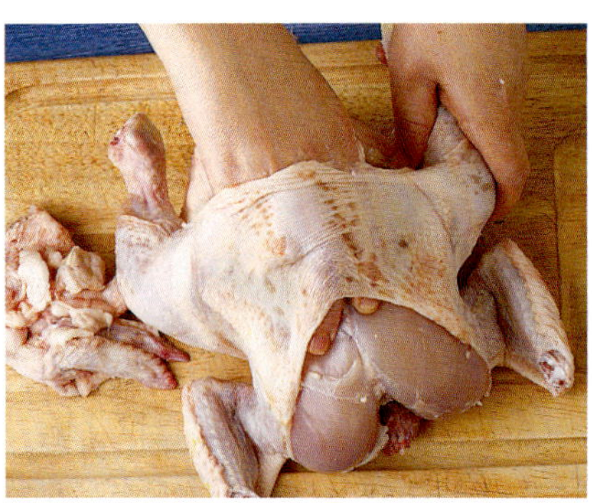

Enfouissez une poignée de gros sel entre la chair et la peau du poulet, et répartissez bien le sel sur la chair. Enduisez aussi gésiers et foies avec le sel. Plongez le tout dans de l'eau vinaigrée, laissez au moins 15 min. Rincez à l'eau, égouttez, séchez.

Chermoula: mélangez coriandre, pistils d safran , colorant, cumin, cannelle, gin gembre, ail écrasé, sel fin, jus de citron e un filet d'eau. Déposez le poulet dedans Enduisez bien la chair avec la chermoula Laissez mariner 15 min.

m'quali

AMINA
KHAYAR

Cuisson : 1 h 05 | Repos dans l'eau vinaigrée: 15 min | Marinade du poulet: 15 min

Faites dorer le poulet dans une casserole, en le retournant régulièrement et en ajoutant de l'eau au cours de la cuisson.

Ajoutez sur le poulet les oignons hachés, les gésiers coupés grossièrement, un large filet d'huile d'olive et de l'eau. Couvrez. Laissez cuire 45 min.

Incorporez alors les foies de volaille dans la cuisson du poulet. Achevez de cuire pendant 10 min. En fin de cuisson, ajoutez les olives et les citrons confits. Servez bien chaud.

AMINA
KHAYAR

Tangia

6 personnes ★★ **Préparation : 20 min**

1,6 kg de jarret d'agneau
3 g de poivre blanc moulu
3 g de cumin moulu
1 g de gingembre moulu
1 g de pistils de safran
2 citrons confits

2 pincées de sel fin
1 gousse d'ail
1 pincée de noix de muscade râpée
10 cl d'huile d'olive
1 pincée de ras-el-hanout
1 pincée de colorant safran

Plat élaboré dans la merveilleuse cité de Marrakech, la *tangia* doit son nom au récipient dans laquelle elle est mitonnée. En terre cuite vernissée, la *tangia* ressemble à une grande amphore à fond plat et ne sert qu'à cette utilisation. La grande majorité des familles marocaines possède ce vase très particulier. À défaut il est facile, au Maroc d'en louer une pour la journée chez son boucher habituel. Parfois même, c'est le boucher qui fait cuire lui-même la *tangia* pour ses clients, sur commande.

La *tangia* est une gourmandise réservée aux hommes marrakchi. Les messieurs qui se réunissent entre amis pour une soirée, ou une sortie à la campagne aiment préparer ce plat, facile à réaliser. Seule la cuisson est un peu longue. Ils n'oublient pas de l'assaisonner à la muscade et au safran, considérés au Maroc comme des substances aphrodisiaques...

Dans la préparation la plus traditionnelle, le cuisinier dispose au fond de la *tangia* la viande et les épices, puis arrose d'huile et d'eau. L'ouverture du vase est fermée avec du papier d'aluminium ou sulfurisé, que l'on noue à l'aide d'une cordelette. Le mets va ensuite cuire longuement dans les braises du four du boulanger. Bien sûr, la viande peut également être mijotée dans une cocotte ou dans un autocuiseur.

Il ne doit pas y avoir trop d'eau dans la cuisson de la *tangia*, pour qu'elle ne prenne pas une saveur d'agneau bouilli. Ainsi, la viande cuit pratiquement dans son jus mêlé d'huile d'olive. À la dégustation, votre *tangia* fera ressortir tous les parfums du *ras-el-hanout*. Cet assaisonnement typiquement marocain comprend au moins sept épices : macis, genièvre, cardamome, safran, cannelle, piment fort et curcuma. Il est couramment proposé tout préparé, prêt à relever de sa chaude saveur de nombreux petits plats à la marocaine.

Nettoyez les jarrets en les frottant à l'eau froide, avec les mains, pour enlever le sang et les impuretés.

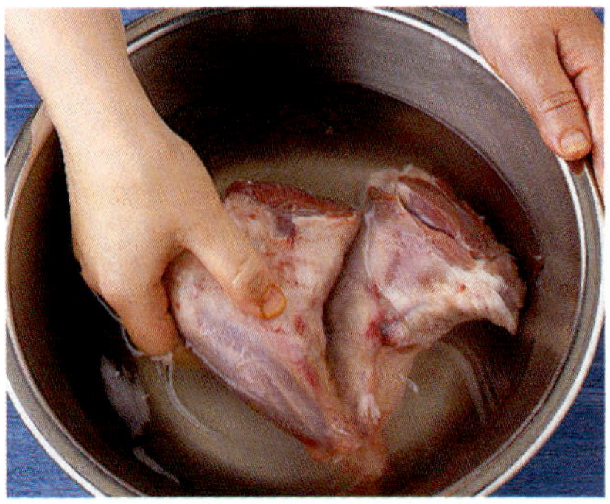

Épluchez et hachez l'ail. Coupez les citrons confits en quartiers. Enlevez les pépins et coupez la chair en dés minuscules.

Disposez les jarrets dans une grande marmite. Parsemez d'ail, gingembre, muscade râpée et pistils de safran.

marrakchia

AMINA
KHAYAR

Cuisson : 1 h 40

Continuez l'assaisonnement en saupoudrant de cumin, citron confit, colorant safran, sel, poivre et ras-el-hanout. Arrosez d'huile.

Faites colorer la viande dans l'huile et les épices, en la retournant régulièrement pour lui donner une couleur jaune uniforme.

Lorsqu'elle est bien dorée, mouillez la viande d'eau jusqu'à moitié des jarrets. Couvrez. Faites cuire 1 h 30.

Poissons

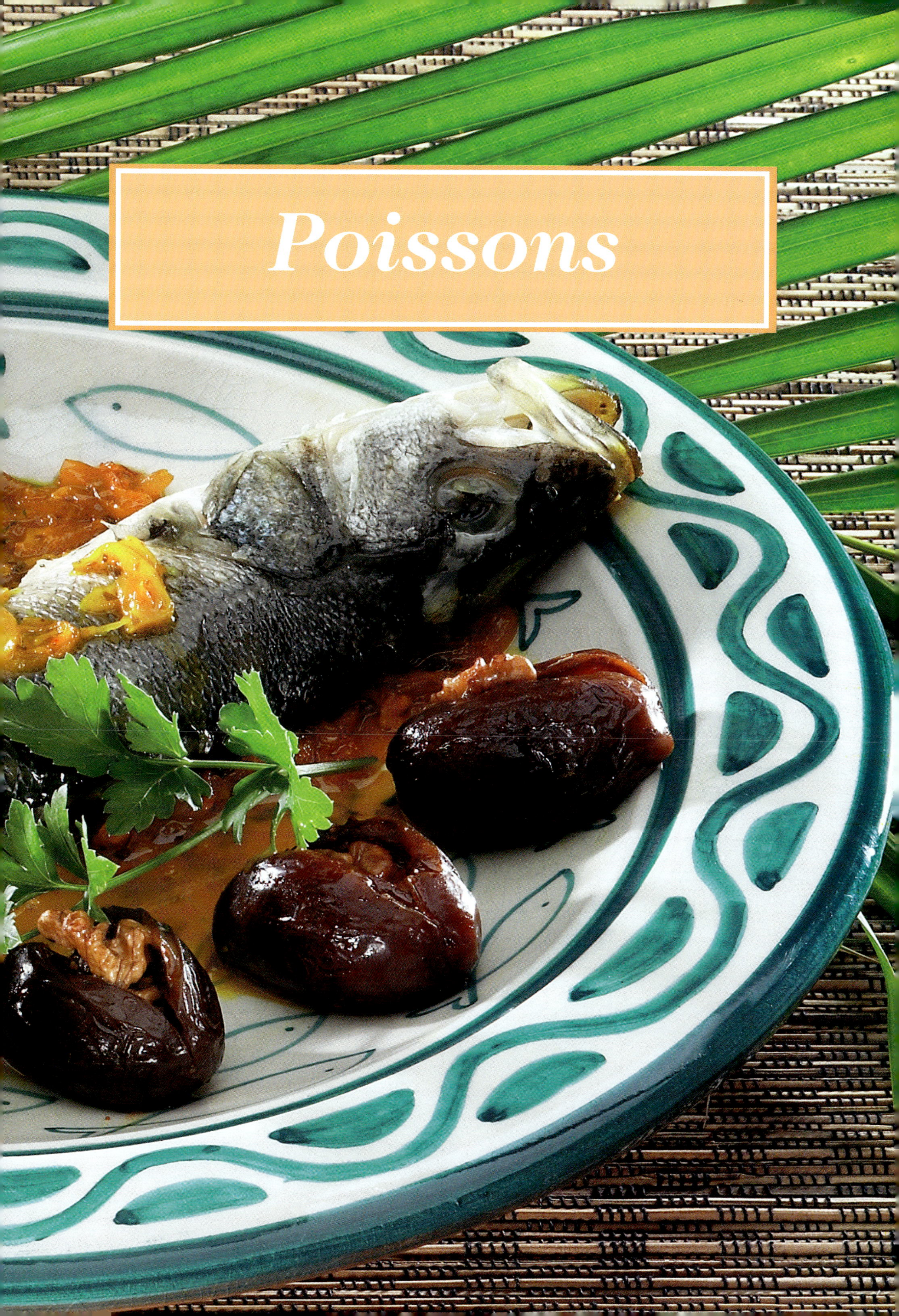

KHADIJA
BENSDIRA

Brochettes de poisson

4 personnes ★ **Préparation : 35 min**

600 g d'espadon
200 g de riz
50 g de beurre
2 poivrons verts
2 poivrons rouges
1 cuillère à café de paprika
1 cuillère à soupe d'huile végétale
Sel

Marinade :
6 gousses d'ail
1 bouquet de persil
1 bouquet de coriandre
1 citron
1 cuillère à café de piment fort en poudre
1/2 cuillère à café de cumin
1 cuillère à café de paprika
Sel
Poivre

Protégée derrière ses imposants remparts ocre rose, la ville d'Essaouira conserve jalousement ses magnifiques maisons aux volets bleus. Située sur la côte Atlantique du Maroc, cette charmante cité phénicienne, aux rues rectilignes, est aussi réputée pour son activité maritime.

C'est à la tombée de la nuit, qu'il faut se rendre au port pour assister à l'arrivée des bateaux de pêche. Les quais, jusqu'alors assoupis, semblent soudain s'éveiller. La foule converge vers le lieu, répondant à l'appel des vendeurs à la criée. Dans les échoppes de poissons, coincées entre les barques colorées et les chalutiers, l'activité bat son plein. Les *kanoun*, *braseros*, laissent échapper une agréable odeur de brochettes grillées à la braise. Essaouira s'anime...

Grands amateurs de produits de la mer, les habitants ne ratent jamais une occasion d'en déguster. Les brochettes d'espadon sont parfois directement préparées sur la plage. Cette recette populaire et conviviale est très facile à réaliser.

Abondant dans les mers chaudes, l'espadon se caractérise par sa grande taille. L'épée, qui prolonge sa mâchoire dorsale, lui vaut le surnom de sabre. Recherché par les amateurs de pêche sportive, il possède une chair excellente, très tendre qui rappelle celle du thon par lequel il peut être remplacé. Généralement, l'espadon est présenté en darnes sur les étals. La queue et les ailerons sont aussi comestibles. Ce poisson s'avère délicieux grillé, braisé ou cuit à la poêle et mariné.

Les brochettes se préparent exclusivement à l'extérieur. La cuisson sur la braise est un des plus anciens procédés de cuisine. Certaines familles marocaines ajoutent un peu de graisse d'agneau pour donner cette odeur irremplaçable de fumet. Pour commencer la cuisson, attendez que le charbon de bois soit réduit à l'état de braise.

Ce plat d'été est une invitation à la liberté. Comme le vent légendaire qui s'engouffre à travers les remparts de la merveilleuse cité d'Essaouira.

Préparez la marinade en mettant dans un saladier, les gousses d'ail pilées, le persil et la coriandre hachés, le piment fort en poudre, le cumin, le paprika. Pressez le citron et ajoutez le jus. Salez, poivrez. Mélangez.

Coupez l'espadon en bandes puis en cubes réguliers. Incorporez-les dans la marinade. Mélangez délicatement. Laissez mariner minimum 2 h.

Lavez les poivrons verts et rouges. Épépinez-les. Coupez-les en très petits dés.

d'Essaouira

KHADIJA
BENSDIRA

Cuisson : 20 min **Marinade du poisson : 2 h**

Dans une casserole, faites fondre le beurre. Ajoutez le riz et les dés de poivrons. Faites-les suer environ 3 min.

Ajoutez 1 c. à c. de paprika. Salez. Recouvrez d'eau. Faites cuire à couvert entre 12 et 15 min.

Sortez les morceaux d'espadon marinés. Confectionnez les brochettes. Recouvrez-les d'huile végétale. Faites cuire les brochettes au barbecue. Dressez-les dans des assiettes, accompagnées d'une part de riz.

M'HAMED CHAHID

Calamars farcis

4 personnes | ★★ | **Préparation: 30 min**

1 kg de calamars
250 g de riz
1 botte de persil plat
1 botte de coriandre
100 g d'ail
2 pincées de piment de Cayenne

5 cl d'huile d'olive
Sel
Poivre

Décoration :
1 citron vert

Tendrement remplis d'une farce au riz parfumée aux herbes et à l'ail, les calamars proposés par M'hamed Chahid sont disposés sur un fond de sauce rouge bien relevée. Dans son restaurant, notre chef les présente aussi parfois sur un lit de persil, puis les nappe de sauce.

Les navires marocains fournissent en abondance, tout au long de l'année quantité de céphalopodes comme les calamars, les seiches, les poulpes… Les marchés marocains en proposent de nombreuses sortes : les plus petits portent le nom de "chipirons", "puntilla" ou "supions". Pour réaliser ce plat traditionnel, notre chef emploie des calamars de taille moyenne, longs de 7 à 8 cm. Mais il en existe également des géants, longs de 50 cm.

Les Marocains apprécient particulièrement les calamars farcis, qu'ils aiment garnir d'une farce composée de merlan et de chermoula. Les petits restaurants des ports les proposent aussi grillés, pour le plus grand plaisir des promeneurs.

Après avoir séparé la tête du corps, il est préférable d'éliminer le bec qui se trouve au centre des tentacules : ouvrez la corolle de tentacules, appuyez sur la tête avec deux doigts pour le faire ressortir, puis arrachez-la.

Mis à cuire dans l'eau bouillante, le riz devra être retiré dès qu'il est tendre mais pas encore tout à fait prêt. En effet, il continuera à gonfler à l'intérieur des calamars lorsque vous les ferez mijoter dans la sauce, ce qui leur donnera une jolie forme.

Notre chef vous conseille d'accompagner ce plat avec du citron vert : sa saveur atténue le goût prononcé de la chair de calamars. Dans les villes anciennes du Maroc, de nombreuses maisons disposent d'un patio agrémenté de citronniers, où chacun peut puiser selon les besoins culinaires du moment.

Pour vider les calamars, tirez sur la tête et sortez doucement les viscères. Enlevez l'os central. Rincez chaque poche obtenue. Coupez les tentacules et éliminez le bec. Blanchissez les tentacules 5 min à l'eau bouillante. Réservez les poches.

Portez une casserole remplie d'eau salée à ébullition. Versez le riz dans l'eau bouillante et faites-le cuire 10 min.

Au couteau, hachez successivement le persil, la coriandre, et les tentacules de calamars pochées. Épluchez et ciselez l'ail.

à la tangéroise

M'HAMED
CHAHID

Cuisson : 30 min

Nappez le fond d'une casserole avec un filet d'huile d'olive. Versez à l'intérieur le riz, les 3/4 de la coriandre et du persil, 80 g d'ail et les tentacules de calamars. Mélangez sur le feu.

Assaisonnez la farce au riz avec du poivre, du sel et 1 pincée de piment de Cayenne. Faites revenir 3-4 min sur le feu, en remuant.

Remplissez chaque calamar de farce au riz. Fermez l'extrémité avec une pique en bois. Dans une casserole, faites revenir à l'huile le reste de coriandre, persil et ail, sel, poivre et piment. Faites cuire les calamars 10 min dans cette sauce. Servez.

ABDELLAH
ACHIAI

Dorade au potiron

4 personnes ★ **Préparation: 35 min**

4 dorades de 350 g pièce
1 kg de potiron
200 g de sucre semoule
1 cuillère à café de cannelle en poudre
3 cuillères à soupe d'huile végétale
Sel

Chermoula (marinade) :
3 gousses d'ail
2 citrons
1/2 botte de persil
1/2 botte de coriandre

1 cuillère à café de pistils de safran
1 cuillère à café de paprika
1 cuillère à café de cannelle en poudre
1 cuillère à café de cumin
5 cl d'huile végétale
Sel
Poivre

Décoration :
2 œufs
Cerneaux de noix
Feuilles de persil

La cité impériale de Fès possède la particularité d'avoir conservé au fil du temps le secret de son passé. Dans cette ville où le mystère demeure, le répertoire culinaire se transmet encore de mère en fille. Extrêmement raffinée et délicate, la gastronomie fassi offre une gamme riche et variée de mets, où sucré et salé s'unissent pour le meilleur des papilles...

Fiers de leur tradition, les habitants de cette cité, aux mille et une richesses, confectionnent habituellement la dorade au potiron m'aassla lors des retrouvailles familiales. Facile à réaliser, ce plat de poisson, dont l'accompagnement m'aassla signifie "caramélisé", est un pur enchantement.

Fréquentant les eaux de la Méditerranée, la dorade est appréciée pour sa chair blanche, maigre, délicate et parfumée. Ce poisson possède l'avantage de s'apprêter de multiples manières. Seul le temps de cuisson doit rigoureusement être respecté. En effet, sa chair a tendance à perdre en saveur et devenir cotonneuse. Notre chef vous recommande pour réaliser cette recette d'opter pour une daurade royale. Cette dernière est reconnaissable à ses nageoires roses et une tache près des ouïes. Vous pouvez également, selon l'arrivage, confectionner ce plat avec un pageot, très prisé des Méditerranéens.

Dans la gastronomie marocaine, le poisson est toujours parfumé de chermoula. Cette marinade orientale dévoile les saveurs d'épices et plantes aromatiques qui la compose. Le cumin, appelé en langue arabe kamoun, apporte toute sa puissance à cette préparation spécifique. Originaire du Turkestan, il est essentiellement cultivé dans la région de Marrakech.

Quant au potiron, notre chef le caramélise et le transforme en purée. L'apport du sucre et de la cannelle offre à cette plante de la famille des cucurbitacées, les saveurs fassi. Dans les assiettes, la dorade au potiron m'aassla regorge de séduction et d'originalité.

Épluchez et coupez le potiron en morceaux. Faites-les pocher 10 min dans de l'eau salée. Pour la décoration, faites cuire les 2 œufs, écalez-les. Réservez.

Égouttez les morceaux de potiron. Mettez-les en cuisson avec 3 c. à s. d'huile végétale. Ajoutez 1 c. à c. de cannelle en poudre et le sucre semoule.

Quand le potiron est caramélisé, écrasez-le avec le dos d'une fourchette afin d'obtenir une purée.

m'aassla

ABDELLAH
ACHIAI

Cuisson : 30 min

Habillez les 4 dorades. Écaillez-les. Coupez les nageoires et videz-les. Rincez-les à l'eau claire.

Chermoula: pressez le jus des citrons. Ajoutez gousses d'ail écrasées, persil et coriandre ciselés, pistils de safran, cumin, paprika, cannelle en poudre, huile végétale, sel et poivre. Mélangez. Enrobez les dorades de chermoula.

Disposez les dorades dans un plat. Mélangez le restant de chermoula avec de l'eau. Versez-la dans le plat. Cuire au four, à 180°C, entre 25 et 30 min. Dressez les dorades dans l'assiette. Recouvrez-les de purée de potiron. Décorez avec de fines lamelles d'œufs durs, de noix et de persil.

MOHAMED
TASTIFT

Filet de rascasse

4 personnes ★ **Préparation: 40 min**

16 pièces de filets de rascasse de 50 g
200 g de poivrons verts
200 g de poivrons rouges
100 g de farine
1 cuillère à soupe d'huile d'olive
Huile de friture

Chermoula :
2 gousses d'ail
2 citrons
1 botte de persil

1 botte de coriandre
1 cuillère à soupe de paprika
1 cuillère à soupe de cumin
1/2 cuillère à café de cannelle en poudre
3 cuillères à soupe d'huile d'olive
Sel
Poivre

Décoration :
1 citron confit

Mogador fit tant rêver les hommes à travers les siècles, qu'aujourd'hui encore certains ne peuvent oublier son nom. Rebaptisée Essaouira à l'indépendance, cette cité maritime posée sur les rivages de l'océan Atlantique fut l'objet de nombreuses convoitises. Surnommée par les tribus berbères, migdol c'est-à-dire "la tour de garde", cette ville phénicienne connut son heure de gloire à l'époque des Romains, puis beaucoup plus tard sous les influences ibérique et française.

Devenue aujourd'hui une cité balnéaire réputée à travers le monde, Essaouira, est une ville à part. Sa médina, rectiligne, est unique, tout comme le bleu de ses maisons... Mais cette ville portuaire est aussi connue pour ses nombreuses spécialités de poissons.

Parmi les recettes héritées de l'ancienne Mogador figurent les filets de rascasse. Ce plat populaire, très facile à réaliser, ne manque pas de caractère. La chermoula, marinade typiquement marocaine, met en relief toute la saveur de ce poisson. La nageoire dorsale, hérissée de piquants, a valu à la rascasse le surnom de "scorpion des mers". Très prisée des amateurs de bouillabaisse, cette dernière est particulièrement appréciée pour sa chair blanche et légèrement grasse. Selon l'arrivage, vous pouvez opter pour des filets de rougets qui se marient aussi idéalement à la chermoula.

Cette spécialité de Mogador accorde aux poivrons une place de choix. Ces fruits du piment doux accompagnent à merveille les filets de rascasse. Les verts, qui se conservent le mieux, sont dotés d'une chair épaisse. Cette dernière se caractérise par une saveur sucrée et piquante. Quant aux rouges, plus fragiles, ils apportent à cette préparation leur goût suave.

Ceux qui ont le bonheur de déguster les filets de rascasse de Mogador en conservent un souvenir inoubliable. En découvrant ce mets délicieux, on se met alors à rêver à la prestigieuse histoire de cette cité légendaire...

Coupez les filets de rascasse en tranches fines et régulières.

Huilez légèrement avec de l'huile d'olive les poivrons rouges et verts. Mettez-les au four, en position gril, environ 10 min. Enfermez-les dans un sac plastique. Rincez-les. Pelez-les et découpez-les en petits rubans.

Chermoula: pressez le jus des citrons. Écrasez les gousses d'ail et ciselez le persil et la coriandre. Mettez tous ces ingrédients dans un saladier. Ajoutez le paprika, la cannelle en poudre, le cumin et l'huile d'olive. Salez, poivrez. Mélangez.

de Mogador

MOHAMED
TASTIFT

Cuisson : 15 min

Disposez dans une assiette la farine. Farinez délicatement les filets de rascasse.

Faites chauffer l'huile de friture et saisissez les filets de rascasse.

Versez la chermoula sur les filets. Mettez au four, à 180°C, pendant 5 min. Réservez. Dans le plat, mettez les rubans de poivrons et faites-les revenir à feu doux dans la chermoula. Dressez les filets dans un plat avec les poivrons. Décorez avec des zestes de citron confit.

MOHAMMED AITALI

La pastilla

4 personnes	★★	Préparation: 30 min

500 g de bar
300 g de petits calamars
100 g de champignons de Paris frais
125 g de crevettes roses décortiquées
30 g de beurre frais
200 g de vermicelles chinois
350 g de feuilles de pastilla
1 œuf
Huile de table

Marinade :
10 g de persil plat
20 g de coriandre fraîche

1 pincée de paprika moulu
1 pincée de cumin en poudre
10 g d'ail
30 g de citron confit
8 cl d'huile d'olive
Sel
Poivre

Décoration :
20 g de persil plat
4 citrons frais
4 crevettes royales moyennes

Bâtie à partir du XIIe siècle, l'antique Kasba des Oudaïa abrita au XVIIe siècle d'authentiques pirates redoutés de tous les navires européens. Au pied de ses vieilles ruelles, les navires de Rabat déchargent chaque jour sur les quais du fleuve Bou Regreg leur cargaison de bars, sardines ou rougets. Dans la capitale, seuls les petits chalutiers peuvent franchir sans difficulté la "barre" qui sépare le Bou Regreg de l'Atlantique. Arrivés dans l'océan, ils ne s'éloignent pas beaucoup des côtes pour pêcher.

Tout comme la dorade, le rouget, la sole et le pageot, le bar mis en valeur dans cette pastilla de chef fait partie des poissons les plus réputés du Maroc. Les cuisiniers marocains distinguent le "loup-bar" au dos sombre, pêché dans l'Atlantique, du loup moucheté que l'on peut capturer en Méditerranée.

Les calamars quant à eux, sont présents toute l'année sur les marchés marocains. Il en existe de toutes tailles, et les plus gros, de couleur blanche peuvent mesurer de 25 à 30 cm de long. Toutefois, choisissez-les plutôt petits pour réaliser la pastilla.

Dans notre recette, le chef fait revenir les ingrédients de la farce à la poêle, en remuant. Mais si vous devez en préparer une grande quantité, il est préférable de tout verser dans un plat à gratin et de faire cuire au four.

Les feuilles de pastilla artisanales sont d'une finesse incomparable, impossible à obtenir dans la fabrication industrielle. Il faudra vous armer de patience pour les décoller sans les déchirer. Ensuite, posez une feuille de pastilla entière sur votre plan de travail, et placez au centre un autre morceau pour renforcer la solidité de "l'enveloppe" et empêcher la farce de couler. Garnissez de farce, repliez le tout en "paquet" rectangulaire, puis entourez d'une seconde feuille, elle-même repliée pour former un rectangle. Il ne vous reste plus qu'à poêler le tout.

Tranchez le bar au niveau des ouïes. Coupez les nageoires. Passez le couteau le long de l'arête centrale pour détacher les deux filets. Enlevez la peau. Coupez la chair en petits dés.

Nettoyez les calamars et taillez-les en petits cubes. Parez les pieds des champignons, rincez, essuyez puis émincez-les.

Marinade: mélangez persil et coriandre hachés, paprika, cumin, ail écrasé, citron confit haché, sel, poivre et huile d'olive. Ajoutez les morceaux de calamars, les crevettes décortiquées et les cubes de poisson. Versez dans une poêle huilée et beurrée.

du vieux port

MOHAMMED
AITALI

Cuisson : 25 min

Versez les champignons dans le mélange. Faites revenir. Mouillez à l'eau froide. Faites cuire à feu vif, en remuant. D'autre part, faites cuire les vermicelles à l'eau bouillante, égouttez-les, ajoutez-les dans la poêle et laissez cuire 5 min.

Posez de la farce refroidie sur une feuille de pastilla. Repliez en rectangle. Posez ce dernier sur une seconde feuille de pastilla, repliez bas et haut puis chaque côté sur le rectangle. Scellez les bordures à l'œuf battu.

Faites chauffer de l'huile dans une poêle. Faites dorer les pastillas dans l'huile chaude, sur les deux faces en les retournant délicatement avec une spatule. Servez tiède, décoré de persil, de citron et de crevettes royales.

BOUCHAÏB
KAMA

Languettes de sole

4 personnes ★★ **Préparation : 1 h**

Languettes de soles :
2 grosses soles
100 g de farine
5 cl d'huile d'arachide

Chermoula :
1 botte de coriandre fraîche
1 botte de persil
2 gousses d'ail
1/2 cuillère à café de piment doux moulu
2 g de cumin moulu
1 cuillère à soupe d'huile d'olive
1 cuillère à café de vinaigre blanc

Sel
Poivre

Purée d'aubergine :
2 aubergines moyennes
2 oignons
2 gousses d'ail
2 grosses tomates
1/2 cuillère à café de piment doux moulu
1 cuillère à soupe d'huile d'olive
Sel
Poivre

Marinés dans une sauce *chermoula* assez classique, les filets de sole proposés par notre chef sont présentés d'une manière plutôt moderne : pliés en portefeuilles, panés et poêlés, ils sont associés à une mousseline d'aubergines de couleur rosée.

La sole est un poisson blanc et plat très prisé au Maroc. Les pêcheurs locaux la capturent aussi bien en Méditerranée que le long des côtes Atlantiques, où elle vit dans les eaux peu profondes et les fonds sablonneux. Il existe aussi dans le pays des "soles de roche" à la chair plus brune.

La peau de ce poisson s'avère délicate à retirer. Coupez-la d'abord au niveau des ouïes. Coincez l'extrémité de la peau dans un papier absorbant, et une fois que vous l'avez bien en main, tirez énergiquement en direction de la queue, en veillant à conserver les filets intacts.

Il vous faut ensuite procéder au levage des filets. Incisez d'un coup tout au long de l'arête centrale. Soulevez un filet avec la main, levez-le à l'aide d'un couteau et ainsi de suite jusqu'à la bordure du poisson, où vous tranchez le filet pour le séparer du reste du poisson. Une sole donnera quatre filets d'égale grandeur.

Dans cette recette, la *chermoula* sert à la fois de marinade et de farce pour la sole. C'est une préparation très relevée d'herbes et d'épices pilées, indispensable à beaucoup de plats marocains. La base comprend coriandre, paprika, ail, cumin, jus de citron et huile d'olive.

Sa composition diffère cependant beaucoup selon les régions et les familles : on y ajoute du persil, du thym et du poivre dans le Nord du pays, ou du piment fort pour augmenter la saveur piquante. Le citron est parfois supprimé ou bien remplacé par du vinaigre, pour préparer certains poissons comme l'alose. La *chermoula* destinée au poisson grillé quant à elle, est à base de poivrons rouges et dépourvue de coriandre.

Enlevez la peau grise des soles. Passez le couteau le long de l'arête centrale pour lever les filets. Disposez chaque filet entre deux feuilles de film alimentaire, puis aplatissez-les avec une batte à viande.

Préparez la chermoula : dans un saladier, mélangez coriandre, persil et 2 gousses d'ail hachés, sel, poivre, piment doux et cumin. Arrosez d'un filet d'huile d'olive et de vinaigre. Travaillez jusqu'à obtention d'une farce épaisse et homogène.

Recouvrez chaque filet avec un peu de chermoula (réservez le restant pour la purée d'aubergines). Pliez-les en portefeuilles, laissez mariner 30 min. Coupez les queues des aubergines. Épluchez-les. Coupez la chair en gros cubes.

à la chermoula

BOUCHAÏB
KAMA

Cuisson : 30 min

Marinade du poisson : 30 min

Préparez un court-bouillon avec oignons émincés, 1 gousse d'ail et tomates mondées. Portez à ébullition. Ajoutez les cubes d'aubergines. Salez, poivrez. Faites cuire 10 min. Égouttez, et passez au mixeur jusqu'à obtention d'une purée.

Dans une casserole, faites revenir 1 gousse d'ail hachée et du piment doux dans un peu d'huile d'olive. Ajoutez la purée d'aubergines et le reste de chermoula. Desséchez en tournant sur feu moyen.

Une fois marinés, passez les filets de sole pliés dans une assiette de farine, sur les deux faces. Faites-les dorer à la poêle, dans l'huile d'arachide. Disposez les filets sur un fond de purée d'aubergines, et dégustez bien chaud.

LAHOUSSINE BEL MOUFID

Lotte et confit de tomates

4 personnes ★ **Préparation : 35 min**

500 g de feuilles de pastilla
2 œufs
500 g de tomates
2 cuillères à soupe de sucre semoule
100 g de beurre
1 oignon
600 g de filets de lotte
2 g de cannelle en poudre
10 branches de romarin
1 cuillère à soupe d'huile d'argane
Sel
Poivre

Vinaigrette :
2 cuillères à soupe d'huile d'argane
2 citrons
1 tomate
Sel
Poivre

Décoration (facultative) :
Safran colorant

La lotte et son confit de tomates, façon Bel Moufid est une création de notre chef. Officiant à Casablanca, au Sheraton, ce dernier revisite avec *maestria* le patrimoine culinaire marocain. Formé au Canada et aux États-Unis, ce passionné s'appuie sur les traditions ancestrales de son pays pour inventer des plats originaux et savoureux.

Pour cette recette de poisson, il s'est inspiré des *resda*, dessert typiquement marocain, à base d'amandes. Ces pâtisseries tirent leur nom du célèbre turban que les hommes enroulent autour de leur tête. Souhaitant conserver la présentation en serpentin des *resda*, Lahoussine Bel Moufid a judicieusement remplacé l'amande par un confit de tomates aux saveurs sucrées-salées.

Extrêmement délicats, ces serpentins se marient à merveille à la lotte. Également appelé baudroie, ce poisson est réputé pour sa chair dense, fine et juteuse, proche du homard.

Chaque médaillon de lotte est embroché sur une branche de romarin puis cuit au barbecue. Cette plante aromatique méditerranéenne possède une saveur puissante. Ses feuilles sont utilisées comme condiment, fraîches ou séchées.

Amoureux des produits de son pays, notre chef finalise sa création avec une vinaigrette à l'huile d'argane. Typiquement marocaine, cette dernière est extraite des fruits de l'arganier, arbre, poussant exclusivement dans la région d'Essaouira. Utilisée depuis des millénaires, cette huile est aussi réputée pour ses bienfaits cosmestiques et pharmaceutiques. Déjà, en 1219, le célèbre médecin égyptien Ibn Al Baytar louait dans ses écrits les vertus de cette oléagineuse. Pressée à froid, cette huile est obtenue artisanalement grâce au savoir-faire ancestral des femmes berbères. Il faut trente kilos de fruits et plus de quinze heures de travail pour obtenir un seul litre !

Mondez dans de l'eau bouillante salée toutes les tomates dont celle de la vinaigrette. Coupez-les en petits dés et réservez l'équivalent de 4 c. à s. pour la vinaigrette. Épluchez et hachez l'oignon.

Faites suer l'oignon avec 1 c. à s. d'huile d'argane. Ajoutez les dés de tomates. Salez, poivrez. Faites cuire, environ 10 min.

Ajoutez cannelle en poudre et sucre. Préparez la vinaigrette en pressant le jus d'1 citron, coupez l'autre en petits dés. Versez le jus dans un bol, ajoutez l'huile d'argane, le sel, le poivre et les dés de citron et de tomates réservées. Mélangez.

façon Bel Moufid

LAHOUSSINE
BEL MOUFID

Cuisson : 30 min

Coupez la lotte en médaillons. Taillez les branches de romarin. Embrochez avec ces dernières, chaque médaillon. Faites-les cuire au barbecue.

Faites fondre le beurre. Cassez les œufs et réservez les jaunes dans un bol. Étalez les feuilles de pastilla. Enduisez-les de beurre fondu. Disposez le confit de tomates. Réservez pour la décoration, le restant de confit.

Roulez la feuille de pastilla en forme de cigare. Collez les extrémités avec l'œuf battu. Enduisez-les de beurre. Dans un moule, formez un serpentin. Faites cuire au four, à 180°C, 10 min. Dressez-les avec le confit de tomates, la lotte, la vinaigrette et le safran.

BOUCHAÏB KAMA

Loup de mer

4 personnes ★★ **Préparation : 30 min**

4 loups de 350 g
560 g d'oignons
1/2 sachet de pistils de safran
1/2 sachet de colorant safran
320 g de grosses dattes majhoules
200 g de cerneaux de noix
4 gousses d'ail
2 citrons
5 cl d'huile d'olive
5 cl d'huile d'arachide

1 botte de coriandre
1 botte de persil
80 g de beurre
Sel
Poivre

Décoration facultative :
2 citrons
4 tomates moyennes

Plat raffiné concocté par quelques chefs marocains, le loup de mer aux dattes mêle les traditionnelles saveurs sucrées-salées et un brin de créativité. C'est un mariage étonnant, mais néanmoins savoureux entre le loup mariné dans un mélange d'herbes et d'épices salées, et les dattes aux noix toutes moelleuses et sucrées.

Les eaux marocaines recèlent deux types de loups : le "loup-bar" au dos sombre, et le "loup moucheté" surtout abondant en Méditerranée. Ce poisson d'exception, à la chair blanche d'une grande finesse, a suscité au Maroc l'élaboration de nombreux délices : brochettes, escalopes passées dans des œufs battus avec des condiments (persil, cumin, coriandre, sel et poivre) puis poêlées, ou encore *tajines* aux légumes frais (comprenant notamment des pommes de terre, des olives et des citrons confits).

Dans la tradition marocaine, offrir des dattes à ses hôtes, avec un peu de lait symbolise la paix, la chaleur et la sincérité de l'accueil. Notre chef vous conseille de choisir pour cette recette des dattes "majhoules", bien charnues, brun foncé et très sucrées. Moins connues que les productions tunisiennes, les palmeraies marocaines voient mûrir d'innombrables variétés de dattes : citons par exemple les "boussekri", plus petites et claires, ou les "bleuh", un peu jaunâtres.

Tout au Sud du pays, le Tafilalet compte dans ses oasis irriguées près d'un million de palmiers-dattiers. La récolte des fruits a lieu fin septembre. C'est au début d'octobre que l'on célèbre à Erfoud la fête des dattes. Pendant trois jours, tribus berbères, aubergistes, commerçants et touristes célèbrent les vertus du petit fruit du désert.

Dans son restaurant, notre chef nappe la poitrine du loup aux dattes avec un sillon de sauce aux oignons et au safran. Nous avons préféré répartir la sauce tout autour, afin de mieux mettre en valeur le poisson farci et les dattes.

Avec des ciseaux à poisson, coupez toutes les nageoires des loups et le bout de la queue. Fendez chaque poisson au niveau des ouïes et un peu sous le ventre. Videz-les et rincez-les sous l'eau courante.

Hachez l'ail, les oignons (réservez 280 g d'oignons), le persil et la coriandre. Mélangez-les avec le sel, poivre et jus de citrons. Remplissez l'intérieur des poissons avec cette farce, et laissez mariner 15 min.

Fendez légèrement les dattes à une extrémité (sans les ouvrir complètement), e enlevez les noyaux. Remplissez chaqu datte avec un cerneau de noix.

aux dattes majhoules

BOUCHAÏB KAMA

Cuisson : 25 min

Marinade des loups farcis : 15 min

Faites chauffer dans un sautoir à poisson un mélange d'huiles d'olive-arachide. Versez les oignons réservés et faites revenir quelques instants. Ajoutez pistils de safran et colorant. Laissez fondre les oignons sur feu doux, en remuant.

Déposez les loups farcis sur le lit d'oignons au safran.

Mettez les dattes farcies autour du poisson. Ajoutez le reste de marinade. Mouillez d'eau légèrement. Recouvrez avec un morceau d'aluminium et passez 15 min au four. Faites réduire la sauce à part et montez-la au beurre.

KHADIJA
BENSDIRA

Loup de mer farci

4 personnes ★★ **Préparation : 1 h 10**

1 loup de 2 kg
1 kg de tomates
500 g de poivrons verts, rouges et jaunes
200 g d'oignons
2 citrons
10 cl d'huile d'olive

Chermoula (marinade) :
6 gousses d'ail
1 botte de persil
1 botte de coriandre
1 cuillère à café de paprika
1/2 cuillère à café de cumin
1 pointe de piment fort en poudre
1 cuillère à café de concentré de tomates
10 cl de vinaigre blanc
Sel
Poivre

Farce :
200 g de riz
200 g de crevettes décortiquées
100 g de citrons confits
4 cuillères à soupe de concentré de tomates
50 g d'olives violettes dénoyautées

Décoration :
50 g de crevettes roses décortiquées

Le loup de mer farci à la marocaine est un mets délicieux. Confectionné généralement lors des principales cérémonies, ce plat de fête est une spécialité de la ville impériale de Fès.

Le loup, aussi appelé bar, abonde en Méditerranée. Très apprécié pour sa chair fine et serrée, très maigre et délicate, ce poisson se prépare poché, flambé, frit ou farci. Surveillez la cuisson, sa chair relativement fragile à tendance à s'effriter. Frais, il se reconnaît à la rigidité de son corps, à son odeur iodée mais légère, au brillant de ses écailles, à son œil bombé, vif et à ses ouïes rosées. Selon l'arrivage, vous pouvez le remplacer par du pageot ou de la dorade.

Dans cette recette, la marinade apporte tout son caractère au poisson. Appelée *chermoula*, cette dernière est typiquement marocaine. Composée d'ail, persil, coriandre, paprika, cumin, concentré de tomates, piment en poudre, sel, poivre et vinaigre blanc, elle parfume généreusement le loup en attendrissant sa chair. Cette préparation est aussi idéale pour conserver le poisson. Si celui-ci est un peu gros, piquez-le légèrement pour permettre à la marinade de bien pénétrer la chair.

Quant à la farce, elle offre une place de choix aux crevettes. Il en existe pas moins de cent soixante-deux variétés. Selon les scientifiques, plus les eaux sont froides plus la croissance de ces crustacés est longue. Les petites crevettes roses possèdent un parfum iodé et délicat. Elles s'accommodent harmonieusement au riz, également présent dans la farce. N'oubliez pas de le faire cuire avant de le mélanger aux autres ingrédients.

Le loup de mer farci à la marocaine se présente accompagné de tomates, citrons, oignons, poivrons verts et rouges. Ces légumes du soleil entrent dans la composition de nombreux plats méditerranéens. Très rafraîchissants, ils se marient idéalement au poisson et décorent les assiettes de leurs couleurs incomparables.

Préparez la chermoula en mettant dans un saladier, les gousses d'ail écrasées, le persil et la coriandre hachés, le piment fort en poudre, le cumin, le paprika. Ajoutez le vinaigre blanc. Mélangez. Salez, poivrez. Incorporez le concentré de tomates.

Maintenez le loup par le ventre, faites une incision de la tête jusqu'à la nageoire caudale. Soulevez un filet, puis l'autre. Avec une paire de ciseau, sectionnez l'arête centrale et videz-le. Faites-le mariner dans la chermoula, 2 h, au réfrigérateur.

Pelez à vif les 2 citrons. Lavez les tomates et les poivrons rouges, verts et jaunes. Coupez-les en rondelles ainsi que les oignons. Réservez-les.

à la marocaine

KHADIJA
BENSDIRA

Cuisson : 40 min

Marinade du loup : 2 h

Farce : faites blanchir le riz. Ajoutez le concentré de tomates, les 200 g de crevettes, les citrons confits et les olives coupées en petits dés. Ajoutez 2 c. à s. de chermoula. Mélangez le restant de chermoula avec 1 verre d'eau. Réservez.

Farcissez délicatement le loup. À l'aide d'une aiguille et de la ficelle de cuisine, cousez-le à points réguliers en commençant par la tête.

Tapissez le plat avec les rondelles de tomates, citrons et oignons. Posez le loup. Ajoutez le verre de chermoula diluée, l'huile d'olive et les crevettes pour la décoration. Mettez au four, à180°C, 40 min. Déficelez le loup. Présentez-le avec sa garniture et les crevettes.

AMINA
KHAYAR

Médaillon de lotte

6 personnes ★★ **Préparation : 30 min**

800 g de lotte nettoyée
600 g de gambas
500 g de tomates fraîches
500 g de poivrons verts
200 g de riz
20 g d'olives rouges
1 pincée de pistils de safran (facultatif)

Chermoula :
2 bottes de coriandre fraîche
1 botte de persil plat
2 citrons frais
2 gousses d'ail
10 g de cumin moulu
1 cuillère à soupe de paprika
20 g de concentré de tomates
40 cl d'huile d'olive
1 filet de vinaigre d'alcool blanc
Sel
Poivre

Les prestigieux médaillons de lotte aux gambas *m'chermel* ornent les tables des meilleurs restaurants marocains. La lotte est pêchée dans les eaux profondes de l'Atlantique et de la Méditerranée, où on l'appelle "baudroie".

Cet étonnant poisson n'est jamais commercialisé avec sa tête : totalement disproportionnée par rapport à la taille de son corps, elle est peu attirante. Cependant, il présente l'avantage d'être pourvu d'une seule arête centrale cartilagineuse, très facile à enlever. Il n'y a pas de petites arêtes insérées dans la chair. Une queue de lotte permet d'obtenir deux beaux filets. Ces derniers sont aussi proposés déjà préparés chez votre poissonnier.

Pour simplifier la recette présentée par notre chef, vous pouvez découper les filets de poisson en petits cubes, les laisser mariner dans la *chermoula*, puis les faire sauter à la poêle. Les Marocains apprécient également de les dorer en brochettes. Vous pouvez aussi réaliser un *tajine* ou "ragoût" de lotte en sauce *chermoula*, cuite en compagnie de carottes, pommes de terre, courgettes et tomates coupées en deux.

À défaut de lotte, la recette sera réalisée avec de la dorade, du loup ou de l'ombrine. Selon votre inspiration et la saison, vous pourrez même ajouter quelques petits légumes. Vous choisirez parmi les crustacés des crevettes roses moyennes. Les Marocains disposent en effet d'une grande variété d'espèces, parmi lesquelles les crevettes grises tigrées et les grosses crevettes royales, de couleur rouge vif.

Fidèle compagnon des médaillons de lotte, le riz peut simplement être cuit à l'eau bouillante salée. Cependant, Amina Khayar vous propose d'ajouter dans l'eau de cuisson un bâton de cannelle et une grosse cuillerée de beurre. Après l'avoir égoutté et coloré au safran, vous mélangerez le riz avec un peu de *chermoula* réduite.

Décortiquez les gambas. Retirez la peau de la lotte, videz-la, enlevez l'arête centrale et rincez sous l'eau courante. Sur une planche à découper, détaillez les filets en médaillons.

Hachez finement persil et coriandre. Pressez le jus des citrons. Épluchez et écrasez l'ail. Versez le tout dans une terrine avec cumin, paprika, sel, poivre, concentré de tomates, huile et vinaigre. Délayez à l'eau froide, jusqu'à obtention d'une "chermoula" liquide.

Mondez les tomates, coupez-les en 2 et enlevez les pépins. Ouvrez les poivrons, taillez les côtes puis épépinez-les. Disposez tomates et poivrons dans une casserole. Installez les morceaux de lotte par-dessus.

au gambas m'chermel

AMINA KHAYAR

Cuisson : 45 min

Arrosez le poisson et les légumes avec la chermoula. Mélangez bien. Couvrez. Faites cuire 15 min à feu doux et à couvert.

Ajoutez les gambas décortiquées. Remettez à cuire environ 10 min. Faites réduire à part une partie de la sauce de cuisson.

Faites cuire le riz dans deux fois son volume d'eau. Égouttez et parfumez au safran. Transférez-le dans une terrine. Arrosez-le de chermoula réduite. Mélangez bien. Servez le riz avec le poisson garni de légumes et d'olives.

MOHAMMED
AITALI

Pageot à la

4 personnes ★★ **Préparation: 25 min**

1,4 kg de pageot
2 cl d'huile de table
2 cl d'huile d'olive
150 g de poivrons verts
125 g de poivrons rouges
1 citron confit
15 g de concentré de tomates
125 g de tomates fraîches moyennes
75 g de champignons de Paris
90 g de crevettes roses décortiquées

Sauce chermoula :
50 g de coriandre fraîche
50 g de persil plat

30 g d'ail
200 g d'oignons
1/4 de cuillère à café de cumin en poudre
1/2 cuillère à café de paprika
10 cl d'huile d'olive
1 citron
Sel
Poivre

Décoration :
50 g d'olives rouges
50 g de citron confit
20 g de persil plat (facultatif)

Dans de nombreuses régions du Maroc, les cuisiniers font mijoter leur poisson dans une sauce aux tomates, poivrons et huile d'olive. Venu de Rabat, notre chef modernise un peu la présentation en ajoutant dans la sauce des champignons de Paris et des crevettes roses. Ce plat de pageot aux saveurs relevées et aux vives couleurs sera réservé aux déjeuners de fête. Dans leurs repas quotidiens, la plupart des Marocains préfèrent griller rapidement des poissons plus économiques comme les sardines, les solettes et le merlan. Si notre chef a choisi de présenter du pageot, rien ne vous empêche de réaliser la même recette avec de la dorade ou de l'ombrine.

Les délicieux poissons r'bati débarquent de petits bateaux de pêche, qui viennent s'ancrer aux pieds des vieilles maisons de la Kasba des Oudaïa. La ville de Rabat est en effet séparée de l'antique cité de Salé par le fleuve Bou Regreg, qui se jette non loin de là dans l'Atlantique. Mais à l'embouchure du Bou Regreg, une "barre" maritime a toujours empêché les gros navires de progresser jusqu'à la capitale. Le grand port moderne le plus proche, Casablanca fournit néanmoins la majeure partie des poissons consommés à Rabat.

Dans les plats marocains, seuls les champignons de Paris émincés entrent dans les farces de poissons et les feuilletés appelés briouates. Les variétés sauvages sont peu employées. Cependant, les marchés de l'Atlas, du Moyen Atlas et de la région de Shoul (environs de Rabat) proposent une espèce locale assez proche du champignon de Paris.

Mohammed Aitali vous conseille vivement de laisser mariner une journée le poisson enduit de chermoula, pour développer toutes les saveurs. À défaut, les plus pressés se contenteront d'au moins une heure de marinade. Les effluves de la chermoula imprègneront ainsi à merveille la chair fine du pageot.

Tranchez le pageot en arrière de la tête, au niveau des ouïes. Levez les filets en passant le couteau le long de l'arête, et en procédant de la tête vers la queue.

Préparez la chermoula en mélangeant coriandre, persil, ail et oignons hachés, cumin, sel, poivre et paprika. Ajoutez 2 cl de jus de citron et un filet d'huile d'olive. Mélangez pour obtenir une sorte de farce.

Déposez les filets de pageot dans un plat. Recouvrez chaque filet avec de la chermoula. Écrasez-la un peu avec le dos d'une cuillère, pour bien imprégner la chair avec les aromates. Laissez mariner une journée au frais.

façon r'bati

MOHAMMED
AITALI

Cuisson : 25 min

Marinade de pageot: 1 journée

Le lendemain, coupez les poivrons dans la longueur. Enlevez les côtes et les pépins. Ouvrez les tomates en deux. Épépinez-les, coupez-les en quartiers. Détaillez poivrons et tomates en julienne.

Dans une poêle, faites chauffer un mélange d'huile d'olive et de table. Versez poivrons, tomates, champignons émincés, et faites suer le tout en mélangeant sur feu vif. Ajoutez le concentré de tomates dilué à l'eau, crevettes et cubes de citron confit.

Déposez le poisson mariné dans la poêle de légumes. Ajoutez un peu d'eau. Faites cuire 15 min au four. Présentez le pageot sur un lit de légumes. Décorez d'olives rouges et de lanières de citron confit.

VICTORIA BERDUGO

Poisson

4 personnes | ★★ | **Préparation : 30 min**

1 pageot de 1 kg
1 bouquet de coriandre
6 gousses d'ail
10 noras (piments rouges doux séchés)

10 baguettes de roseau
10 cl d'huile végétale
Sel

Le poisson à la juive est un plat typique de la communauté tangéroise. Consommé généralement le vendredi soir, ce mets chaleureux et familial était préparé jadis en abondance. Le lendemain midi, il était présenté en *kémia* et se dégustait au moment de la prière.

Judicieusement relevé, le poisson à la juive peut se réaliser aussi bien avec un pageot ou une dorade. Ces deux poissons de Méditerranée s'apprêtent de multiples façons.

Reconnaissable à sa forme en fuseau, le pageot se distingue de la dorade par son ventre rectiligne. Possédant une chair blanche, maigre et savoureuse, ces poissons demandent peu de cuisson. N'oubliez pas de tapisser votre plat de baguettes de roseaux. Cette astuce évitera au pageot de brûler.

Dans cette préparation, la coriandre dévoile tout son parfum. Cette plante aromatique, également appelée "persil arabe", est utilisée dans la gastronomie orientale pour relever les salades, soupes et sauces. Ses graines sont reconnaissables à leur odeur musquée et citronnée.

Quant à l'ail, très prisé des Méditerranéens pour sa saveur spécifique, il est irremplaçable. Cette plante à bulbe, cultivée depuis plus de 5000 ans, est présente toute l'année sur les étals. Préférez au printemps, l'ail nouveau, plus doux. Réputé pour sa douceur, il s'épluche facilement. Il est préférable de le conserver au réfrigérateur dans le bac à légumes.

Au Maroc, ce plat traditionnel était aussi connu sous le nom de "poisson à la sauce rouge". Coloré par les *noras*, piments doux espagnols, ce mets raffiné accorde à ces derniers la vedette. Ramenés du Nouveau Monde par Christophe Colomb, ces fruits, issus d'une plante de la famille des solanacées, font office de condiment. Les piments séchés se déshydratent facilement et se conservent ainsi pendant au moins un an. N'oubliez pas de les tremper dans de l'eau avant de les préparer.

Le poisson à la juive est un mets extrêmement léger et rafraîchissant qui s'avère idéal à déguster l'été.

Écaillez, videz, lavez le pageot. Découpez-le en darnes régulières.

Lavez et ciselez le bouquet de coriandre. Faites tremper les piments rouges dans de l'eau froide pour les réhydrater.

Épluchez les gousses d'ail. Écrasez la moitié des gousses à l'aide d'une fourchette. Réservez l'autre moitié.

à la juive

VICTORIA BERDUGO

Cuisson : 25 min

Recouvrez de baguettes de roseau le fond d'une marmite.

Dans la marmite, versez 10 cl d'huile végétale et ajoutez les piments égouttés.

Incorporez coriandre et gousses d'ail écrasées. Salez. Ajoutez le pageot. Mélangez. Versez 1/2 verre d'eau. Disposez les gousses d'ail entières. Faites cuire à couvert 25 min. Dressez les darnes et décorez avec piments et gousses d'ail. Versez un peu de sauce.

VICTORIA BERDUGO

Poisson

4 personnes ★★ **Préparation : 35 min**

1 mérou de 1 kg
2 kg d'oignons
3 gousses d'ail
1/2 cuillère à café de safran en poudre
3 feuilles de laurier
30 g de farine
10 cl d'huile végétale

Huile de friture
Sel
Poivre

Décoration :
20 g de câpres
Feuilles de laurier

Tanger, ville mythique, située au nord du Maroc, célébrée par les plus grands peintres, romanciers et photographes... Tanger, ville de contrebandiers où dans les années 1920, armes, cigarettes et or circulaient en toute impunité... Tanger, ville cosmopolite, où les juifs chassés d'Espagne par l'Inquisition catholique trouvèrent refuge...

Au fil du temps, cette communauté, installée dans le *mellah*, quartier juif, à deux pas du petit *socco*, *souk* en espagnol, s'est constituée un merveilleux répertoire culinaire, influencé par les traditions marocaines et andalouses.

Délicieux, le poisson façon Tanger est typique de la communauté de cette ville. Ce mets de luxe, mêlant judicieusement les saveurs sucrées de l'oignon et du mérou, était habituellement préparé, la semaine qui suivait les mariages.

Réputé pour sa chair blanche, compacte et savoureuse, le mérou est un poisson paisible des mers chaudes. De taille moyenne, il est reconnaissable à sa couleur brune, tachetée de jaune et ocre. De bonne tenue à la cuisson, il dévoile un goût léger. Madame Berdugo vous propose de conserver la tête et de l'intégrer à la cuisson pour intensifier les saveurs. N'oubliez pas de la retirer au moment de présenter le plat.

Dans cette recette, les feuilles de laurier aromatisent généreusement le poisson. Utilisées entières ou émiettées, ces dernières sont un des ingrédients essentiels du célèbre bouquet garni. Présentes dans de nombreux plats en sauce, les feuilles de laurier doivent cependant être employées avec parcimonie. Leur saveur amère dégage un puissant parfum. Dans l'Antiquité, les Méditerranéens en avaient fait le symbole de la victoire et de la bravoure et couronnaient avec ces dernières le front des soldats.

Facile à réaliser, le poisson façon Tanger est un plat de fête aux saveurs très orientales.

Épluchez les oignons et coupez-les en grosses rondelles.

Dans une marmite, mettez les rondelles d'oignons. À feu très doux, faites suer ces dernières. Ajoutez le safran en poudre et 1 verre d'eau. Faites cuire environ 1 h.

Écaillez, videz et lavez le mérou. Découpez-le en darnes. Salez, poivrez. Farinez les darnes.

façon Tanger

VICTORIA BERDUGO

Cuisson : 1 h 40

Faites frire dans l'huile de friture les darnes entre 4 et 5 min. Réservez.

Ajoutez dans la marmite des oignons, 10 cl d'huile végétale et les gousses d'ail émincées. Salez. Faites cuire encore 15 min.

Mettez dans un plat, les feuilles de laurier. Disposez une couche d'oignons, ajoutez les darnes. Recouvrez d'oignons. Faites cuire 5 min. Mettez au four, à 180°C, pendant 20 min. Dressez les darnes et la garniture dans les assiettes.

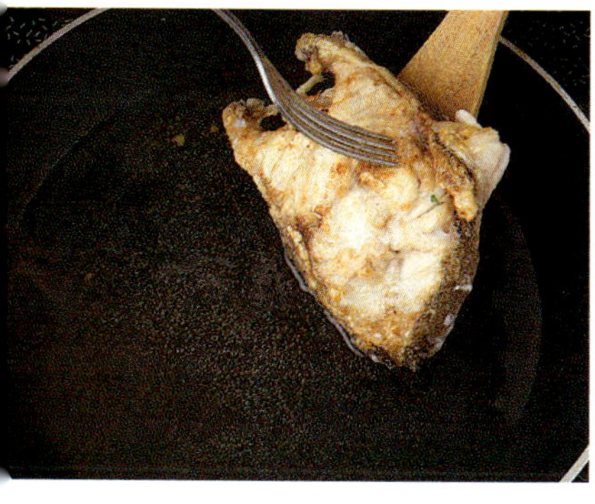

Viandes

VICTORIA BERDUGO

Boulettes tangéroises

4 personnes ★ **Préparation: 1 h**

2 oignons
2 kg de petits pois
12 artichauts poivrade
2 citrons
1 céleri branche
2 pincées de pistils de safran
7 cuillères à soupe d'huile végétale
Sel
Poivre

Farce des boulettes :
1 kg de viande hachée de bœuf
1 tranche de pain
1 bottillon de persil
1 oignon
1 œuf
1 cuillère à café de macis
1 petit râpé de noix de muscade
1 pincée de gingembre en poudre
1 cuillère à café de curcuma
Sel
Poivre

La communauté juive séfarade du Maroc, en particulier celle installée à Tanger, possède un répertoire culinaire riche en saveurs orientales. Merveilleusement raffinée, cette gastronomie propose en fonction des fêtes, des mets très spécifiques.

Le chabbat, jour de repos de la maisonnée, correspondant au samedi, est un moment de prières et de retrouvailles familiales. À cette occasion, la table est parée d'une nappe blanche et de deux chandeliers. Au centre, la maîtresse de maison dispose la coupe de vin, kiddouch, et les pains, halot, recouverts d'un napperon.

Cette fête hebdomadaire, vécue dans la joie et la sérénité, à fortement contribué à doter la gastronomie juive de recettes délicates et recherchées. La profusion de plats et leur présentation somptueuse sont inscrites dans la Tradition. La table du chabbat est avant tout un devoir religieux.

Jadis à Tanger, les boulettes de viande de bœuf, étaient particulièrement appréciées. Très populaires, elles étaient confectionnées pour le repas du vendredi soir.

Composé de viande uniquement cacher, terme hébraïque désignant les aliments jugés aptes à la consommation, ce mets délicieux était soit accompagné d'une sauce céleri ou de petits pois et artichauts.

Mariée au persil, oignon, œuf, mie de pain, macis, noix de muscade, gingembre, curcuma, sel et poivre, la viande de bœuf se révèle extrêmement parfumée. Si vous optez pour la préparation au céleri, n'oubliez pas de réserver la viande et réduire la sauce. Vous pouvez également remplacer le bœuf par de l'agneau.

Les boulettes tangéroises du chabbat sont une belle illustration de l'importance accordée à cette fête où la table familiale se fait royale...

Farce des boulettes: faites tremper le pain dans de l'eau. Dans un saladier, disposez la viande hachée de bœuf ainsi que la mie et l'œuf. Ajoutez l'oignon haché, le persil ciselé, le gingembre, le curcuma, le macis et le râpé de muscade. Salez, poivrez.

Mélangez avec les doigts tous les ingrédients de la farce. Laissez reposer 30 min. Lavez le céleri. Taillez les branches en fins bâtonnets, réservez-les ainsi que les feuilles. Préparez 1 verre et demi d'eau safranée.

Faites des boulettes d'égales grosseur en humectant vos mains d'eau. Sépare les en 2 parts. Pressez 2 citrons, verse le jus dans un saladier rempli d'eau froide. Tournez les artichauts jus qu'aux fonds. Enlevez le foin et mettez les dans le saladier.

du chabbat

VICTORIA BERDUGO

Cuisson : 20 min

Repos de la farce: 30 min

Écossez les petits pois. Épluchez 2 oignons, faites-les suer avec 2 c. à s. d'huile végétale. Versez 1/2 verre d'eau safranée. Ajoutez les petits pois et les fonds d'artichauts, salez, poivrez. Recouvrez d'eau. Faites cuire à couvert 10 à 15 min.

Dans une casserole, disposez la moitié des boulettes. Ajoutez 3 c. à s. d'huile végétale et 1/2 verre d'eau safranée. Faites cuire à couvert, environ 15 min.

Mettez dans une casserole, les bâtonnets de céleri. Ajoutez le restant des boulettes, 2 c. à s. d'huile et le restant d'eau safranée. Salez, poivrez. Recouvrez de feuilles de céleri. Faites cuire 20 min. Dressez-les dans un plat à côté des autres boulettes, avec les petits pois et artichauts.

MOHAMED TASTIFT

Brochettes de poulet

4 personnes ★ **Préparation: 30 min**

600 g de blancs de poulet
1 oignon
1/2 botte de coriandre fraîche
2 gousses d'ail
1 cuillère à soupe de ras el hanout
1/2 cuillère à café de pistils de safran
1 citron vert
2 cuillères à soupe d'huile d'argane
Sel
Poivre

Tapenade :
100 g d'olives vertes dénoyautées
1 citron confit
1 cuillère à soupe d'huile d'argane

Ces brochettes de poulet sont typiques de la région d'Agadir. Cette cité balnéaire, située sur la côte Atlantique, possède une gastronomie riche et variée.

Dans cette recette, les blancs de poulet sont cuits en extérieur au barbecue. Cependant, si vous ne disposez pas d'un jardin, notre chef vous propose de les préparer à la poêle. Dans ce cas, confectionnez les brochettes à l'aide de piques en bois assez grandes. Faites chauffer deux cuillères à soupe d'huile végétale et saisissez rapidement de chaque côté les blancs de volaille. Mettez-les ensuite dans le four, 5 minutes, à 180°C.

Conviviales, les brochettes de poulet soussia se révèlent délicieusement parfumées grâce à la marinade. Cette préparation possède l'avantage d'attendrir la chair de la volaille et de permettre une meilleure conservation.

L'huile d'argane, très réputée au Maroc est uniquement fabriquée dans la région du Sous. Extraite des fruits de l'arganier, un arbre qui pousse à l'état sauvage, cette huile se caractérise par un goût prononcé de noisette. Les habitants d'Agadir l'emploient fréquemment, en particulier au petit-déjeuner sur leur tartine. Selon notre chef, utilisée en soin corporel, l'huile d'argane procure aux femmes de cette région du Maroc, une superbe peau, bien lisse et brillante...

Cette marinade, aux saveurs orientales, est aussi préparée avec le célèbre ras-el-hanout. Ce subtil mélange, composé d'épices moulues, d'écorces et de fleurs séchées, se traduit littéralement par "la tête de l'épicier". Autrement dit, le ras el hanout est une sélection très personnelle de ce dernier. En fonction de sa région d'origine, de ses propres traditions et du budget de sa clientèle, cette préparation varie. Et les marchands d'épices conservent jalousement le secret de cet assortiment digne des plus grands alchimistes !

Les brochettes de poulet soussia se dégustent accompagnées de tapenade et de pain berbère à l'anis.

Coupez les blancs de poulet, partiellement dégraissés, en cubes réguliers.

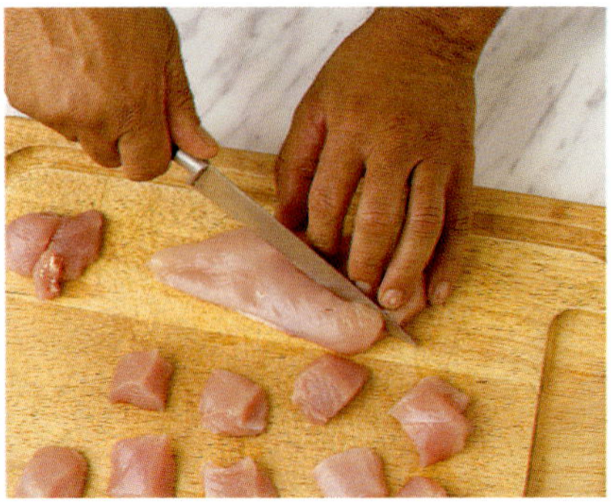

Pressez le jus du citron vert. Épluchez l'oignon et taillez-le finement. Hachez la coriandre et les gousses d'ail.

Dans un saladier, melangez cubes de poulet, oignon taillé, gousses d'ail et coriandre hachées, jus du citron vert. Versez 2 c. à s. d'huile d'argane. Salez, poivrez. Ajoutez ras el hanout et pistils de safran. Faites mariner le poulet 30 min.

soussia

MOHAMED
TASTIFT

Cuisson au barbecue

Marinade du poulet: 30 min

Préparez la tapenade en mixant les olives vertes dénoyautées.

Ajoutez l'écorce du citron confit. Mixez. Montez la tapenade avec 1 c. à s. d'huile d'argane. Réservez.

Confectionnez les brochettes de blancs de poulet. Faites-les cuire au barbecue. Servez-les accompagnées de tapenade.

MOHAMMED AITALI

Cailles farcies

4 personnes ★★ **Préparation: 40 min**

8 cailles
250 g d'oignons
10 g d'ail
1 pincée de pistils de safran
10 g de persil plat
10 g de coriandre fraîche
8 cl d'huile d'olive
1 pincée de cannelle en poudre
1 filet d'eau de fleur d'oranger
Sel
Poivre

Farce :
400 g de semoule pour couscous
200 g d'amandes effilées
50 g de sucre en poudre
5 g de cannelle moulue
1 filet d'eau de fleur d'oranger
1 filet d'huile d'olive
Sel

Décoration :
30 g de coriandre fraîche (facultatif)
50 g d'amandes effilées

Les chefs marocains ont élaboré les plus succulentes recettes à base de cailles. Mohammed Aitali les fait mijoter dans un bouillon parfumé aux herbes, aux oignons et au safran. Puis il les farcit d'une divine préparation mêlant des amandes grillées concassées avec du sucre, de la semoule, de la cannelle et de l'eau de fleur d'oranger. Prenez la précaution de faire d'abord cuire vos oiseaux sur le côté qui comporte le plus de chair, plutôt que sur la poitrine. Vous les tournerez en cours de cuisson.

Les gourmets marocains apprécient tout particulièrement les cailles. Pour répondre à cette demande, des élevages se sont développés autour de Kénitra, de Meknès et de Fès. Très élaborée, la cuisine de Fès compte parmi ses plus célèbres spécialités la pastilla de cailles aux amandes, somptueusement décorée de sucre glace et de cannelle. Il existe également d'autres recettes dans lesquelles on les farcit d'amandes frites, de foies de poulet, ou d'une préparation aux vermicelles sucrés parfumée à la cannelle et fleur d'oranger.

Au Maroc, tous les plats de fêtes sont parés d'amandes ou de raisins, symboles de luxe et d'abondance sur la table. Cailles farcies, tajines, méchoui, pastilla ne sauraient s'en passer. La région d'Agadir, au climat chaud est réputée pour la qualité de ses amandes ou louz. À l'état frais, elles ne sont quasiment pas utilisées telles quelles, et seuls les fruits séchés agrémentent délicieusement les mets.

Parmi toutes les variétés, les louz marocaines de gros calibre sont dédaignées au profit des petites "amandes du Bled" à la saveur douce. Pour la confection de notre farce, on emploiera des amandes mondées ou effilées. Cependant, ces dernières conviendront mieux, car elles grilleront plus vite et seront plus faciles à hacher.

Dans un plat, travaillez la semoule de cous- cous avec un filet d'huile et d'eau. Versez-la dans la passoire du couscoussier. Faites cuire la semoule trois fois 20 min à la vapeur, en la retravaillant avec du sel et de l'eau entre chaque cuisson.

Tranchez le cou des cailles. Nettoyez-les, rincez-les puis essuyez l'intérieur avec un papier absorbant. Coupez les ailes.

Épluchez oignons et ail. Hachez-les avec le persil et la coriandre. Dans une casserole, versez un filet d'huile, d'eau de fleur d'oranger, le hachis d'herbes et les cailles. Poudrez de safran, cannelle, sel et poivre. Mouillez à hauteur. Faites cuire 30 min à feu vif.

aux amandes et couscous

MOHAMMED
AITALI

Cuisson de la semoule: 1 h | Cuisson des cailles: 30 min

Faites griller à sec 200 g d'amandes effilées. Mixez-les. Mélangez-les bien avec la cannelle et le sucre pour obtenir une farce. Versez la semoule cuite dans un plat. Ajoutez-lui la farce aux amandes.

Parfumez la préparation avec de l'eau de fleur d'oranger. Mélangez bien à la cuillère, jusqu'à obtention d'une préparation brune homogène.

Prélevez les cailles dans leur jus, laissez tiédir. Remplissez l'intérieur de chaque caille avec de la farce à la semoule. Faites griller à sec 50 g d'amandes effilées. Présentez les cailles dans un fond de jus de cuisson, parsemées d'amandes grillées.

AMINA KHAYAR

Châaria

4 personnes ★★★ **Préparation: 50 min**

8 pigeons
500 g de vermicelles fins
800 g d'oignons
1 botte de persil plat
1 botte de coriandre fraîche
3 g de gingembre moulu
2 ou 3 bâtons de cannelle
1 g de pistils de safran
1 pincée de colorant safran

150 g de beurre
1 g de gomme arabique en poudre
1 pincée de noix de muscade
3 cuillères à soupe d'huile de table
5 g de poivre blanc moulu
5 g de sel

Décoration :
150 g de sucre glace
2 g de cannelle moulue

La châaria m'dfouna remporte un important succès dans les restaurants marocains. Dans ce plat de fête, des petits morceaux de pigeons se dissimulent sous un dôme de vermicelles en sauce, joliment décoré de cannelle et de sucre glace. Dans les recettes qualifiées de m'dfouna, la viande est toujours "ensevelie" sous la semoule de couscous ou les pâtes. Le convive va ainsi de surprise en surprise au cours de la dégustation.

Habilement mis en scène pour la châaria m'dfouna, les pigeons sont appréciés depuis des siècles par les fins gourmets marocains. La kedra touimia figure parmi les recettes les plus anciennes : les pigeons sont alors présentés avec une sauce aux oignons, pois chiches et amandes. On les sert également dans une compotée d'oignons à la coriandre et cannelle, en compagnie de courge rouge confite safranée. N'oublions pas non plus la remarquable pastilla de pigeons élaborée à Fès.

Lorsque vous choisirez les pigeons, prenez soin d'acheter des volatiles pas trop charnus. Ceci permettra aux épices de pénétrer dans toute la viande, jusqu'à la carcasse.

Pour obtenir des vermicelles parfaits, une simple cuisson à l'eau salée ne conviendrait pas car ils gonfleraient trop. Ils doivent donc être attendris à la vapeur dans un couscoussier. Au bout de 30 minutes, sortez-les de la passoire, versez-les dans un saladier et laissez-les reposer de 5 à 10 minutes. Vous procéderez à une seconde cuisson de 30 minutes. Ensuite, pochez-les rapidement dans l'eau salée et huilée déjà utilisée comme source de vapeur pour le couscoussier. La présence d'huile les empêchera de coller. Aussitôt, plongez les vermicelles dans un saladier d'eau froide pour stopper la cuisson. Égouttez-les bien, et déposez-les sur une plaque à four beurrée. Recouvrez de papier d'aluminium et asséchez-les à la chaleur du four.

Coupez le bout des ailes et pattes des pigeons. Tirez le cou et tranchez-le. Videz ensuite les pigeons de tous leurs organes internes. Tranchez aussi l'extrémité arrière. Incisez enfin de chaque côté des filets. Rincez abondamment sous l'eau courante.

Disposez les pigeons dans une marmite. Parsemez-les d'oignons hachés, colorant safran, pistils de safran, poivre, cannelle en bâton, beurre, sel, gingembre, muscade râpée, gomme arabique, persil et coriandre hachés et 1 c. à s. d'huile. Laissez mijoter 20 à 25 min.

Dans la marmite du couscoussier portez à ébullition de l'eau salée et huilée. Travaillez les vermicelles avec 1 c. à s. d'huile. Transférez-les dans la passoire du cous-coussier. Faites cuire 30 min à la vapeur. Après 5 min de repos hors du feu, faites cuire de nouveau 30 min.

m'dfouna

AMINA KHAYAR

Cuisson de la semoule: 1 h 15 **Cuisson des pigeons: 25 min**

Lorsque les pigeons sont bien cuits et tendres, sortez-les du jus de cuisson et laissez-les tiédir sur une planche à découper. Enlevez la peau et séparez la chair de tous les petits os.

Ensuite versez les vermicelles dans la marmite basse du couscoussier, dans le liquide qui a servi à faire la vapeur. Portez à ébullition. Faites cuire 10 min. Rafraîchissez. Versez les vermicelles sur une plaque beurrée, recouvrez d'aluminium et séchez au four.

Disposez les vermicelles au fond de votre plat de service. Arrosez de sauce. Répartissez les morceaux de pigeons par-dessus. Recouvrez de vermicelles et du reste de chair de pigeons. Couronnez de vermicelles. Décorez de cannelle et de sucre glace.

ABDELLAH
ACHIAI

Cœur d'agneau

4 personnes ★★ **Préparation : 1 h**

5 cl d'huile végétale
5 cl d'huile de friture

Pâte à m'ssemen :
500 g de farine
Sel

Préparation et marinade berbère :
250 g de cœur d'agneau
1/2 botte de coriandre
1/2 botte de persil
2 cuillères à café de cumin
2 oignons
3 cuillères à soupe d'huile végétale
Sel, poivre blanc

Farce arabe :
250 g de cœur d'agneau
1/2 botte de coriandre
1/2 botte de persil
2 cuillères à café de cumin
1 œuf
2 cuillères à soupe d'huile végétale
Sel, poivre blanc

Le Maroc est une terre aux multiples contrastes. Dans ce merveilleux pays, où les diversités ethniques et les particularismes régionaux ont contribué à enrichir le patrimoine gastronomique, les modes culinaires se conjuguent à l'infini. Notre chef a souhaité rendre hommage aux communautés berbère et arabe en vous proposant de découvrir deux préparations de cœur d'agneau.

Premiers habitants du Maroc, les Berbères affectionnent particulièrement les brochettes. Dans le Sud du pays, les familles isolées des *douars*, villages, se rendent une fois par semaine au marché. Ce jour-là, il faut se lever tôt pour atteindre la ville. Sur les routes, villageois, à dos d'âne, ou installés sur des charrettes de fortune, parcourent inlassablement, sous la chaleur écrasante du soleil, la longue distance qui les mène au *souk*. Qu'importe la fatigue ! Le marché est un lieu de rencontre. En fin de matinée, le trajet ne sera plus qu'un lointain souvenir. Les Berbères des *douars* savent qu'ils vont se retrouver entre parents et amis.

C'est autour des traditionnelles brochettes de cœur d'agneau que s'échangent les nouvelles. Directement consommées dans la rue, à deux pas du boucher, ces spécialités ancestrales représentent pour ces hommes du désert un moment unique, symbole de convivialité...

Également, très apprécié par la communauté arabe, le cœur d'agneau est une spécialité de l'Atlas. Préparé en farce, il se déguste dans les *m'ssemen*, galettes marocaines. Composée de farine, eau et sel, la pâte de ces dernières doit être façonnée en petites boules. Il faut ensuite les étaler sur un plan de travail très huilé, incorporer la farce et les replier très délicatement. Notre chef vous recommande de tourner les *m'ssemen* en cours de cuisson.

Dans cette région du Maroc, les Arabes, consomment ces galettes farcies au petit-déjeuner avec un café et du lait.

Préparez la pâte à m'ssemen en intégrant dans un saladier la farine et le sel. Versez au fur et à mesure de l'eau. Mélangez à la main. Laissez reposer 5 min.

Disposez la pâte sur une plaque préalablement huilée. Prenez la pâte dans votre main et pressez-la entre le pouce et le majeur pour obtenir de petites boules. Posez-les sur la plaque et recouvrez-les d'un linge. Laissez reposer 1 h.

Préparation berbère : découpez 250 g de cœur d'agneau en cubes. Pour la farce, coupez en petits dés le cœur. Préparez la marinade berbère en mélangeant coriandre et persil ciselés, cumin, oignons hachés, huile végétale, sel et poivre. Faites mariner 1 h les cubes de cœur.

à l'arabo-berbère

ABDELLAH ACHIAI

Cuisson de la semoule : 20 min **Marinade des cubes de cœur : 1 h** **Repos de la pâte à m'ssemen : 1 h 05**

Préparez la farce en mettant en cuisson, les dés de cœur d'agneau, avec 2 c. à s. d'huile végétale. Salez, poivrez. Ajoutez le cumin, la coriandre et le persil ciselés. Faites cuire, environ 10 min. Ajoutez l'œuf battu. Mélangez.

Étalez les boules de pâte sur un plan de travail huilé. Disposez la farce de cœur. Repliez délicatement la pâte pour former un triangle. Dans une poêle, faites frire dans l'huile de friture, les m'ssemen, entre 8 et 10 min. Épongez-les.

Confectionnez les brochettes de cœur d'agneau. Faites-les cuire au barbecue. Dressez le cœur d'agneau à l'arabo-berbère.

AMINA
KHAYAR

Épaule d'agneau

8 personnes ★★ **Préparation : 35 min**

4 épaules d'agneau de 1 kg pièce
1 cuillère à soupe de cumin moulu
1 cuillère à soupe de sel fin
6 carottes
2 poireaux
150 g de navets
2 oignons
1 bouquet de persil
1 cuillère à soupe d'huile d'olive
1 botte de coriandre fraîche

150 g de petites pommes de terre
6 courgettes
150 g de petits oignons
12 artichauts violets
200 g de petits pois
150 g de haricots verts

Pâte :
100 g de farine
2 œufs

Tendre et toute imprégnée des saveurs de cumin et de légumes frais, l'épaule d'agneau à la vapeur est très populaire au Maroc. C'est un plat apprécié lors de l'*Aïd-el-Kébir*, où l'on commémore le sacrifice d'Abraham par une grande fête du mouton. À cette occasion, certaines familles égorgent jusqu'à deux moutons pour satisfaire leurs convives. Officiellement, les festivités durent seulement une journée, mais d'innombrables recettes les prolongent pendant au moins une semaine.

Les agriculteurs marocains proposent une grande variété de légumes. Selon notre chef, ce sont les pommes de terre qui arrivent en tête des préférences locales. Les Marocains apprécient particulièrement de petites pommes de terre à peau mauve-violacée, fermes et résistantes à la cuisson.

Les petits pois figurent également parmi les légumes les plus consommés. Les cuisiniers les associent volontiers dans le *tajine* d'agneau *m'kader*, avec les pommes de terre, les olives rouges et le citron confit.

L'os de l'épaule, que l'on a mis à cuire avec les légumes dans la marmite basse du couscoussier, apporte une saveur supplémentaire au bouillon. Mais il n'est aucunement indispensable. Vous pouvez ensuite filtrer le bouillon et le consommer sous forme de soupe.

Les cuisiniers marocains emploient généralement pour obturer la jonction des deux parties du couscoussier, un morceau de tissu fin malaxé avec un peu de farine et d'eau, ceci pour limiter les sorties de vapeur. Nous avons utilisé ici une méthode plus simple, mais dans les deux cas, la préparation se solidifie lorsque la marmite chauffe.

Proposez toujours lors du service un complément de sel de cumin : chacun en saupoudrera la viande selon son goût. En effet, le parfum des épices qui ont été malaxées sur la viande se volatilise toujours un peu pendant la cuisson à la vapeur.

Désossez les épaules d'agneau et dédoublez-les. Éliminez un maximum de petites peaux et de graisse excédentaire.

Pelez 2 carottes et 2 oignons, et préparez un morceau de poireau. Disposez les os d'agneau dans la marmite basse d'un grand couscoussier. Remplissez d'eau jusqu'aux 3/4. Ajoutez les légumes précédents. Portez à ébullition.

Malaxez les épaules avec du sel et du cumin. Dans la passoire du couscoussier disposez un lit de persil et coriandre et les épaules par-dessus. Arrosez d'huile d'olive. Posez le tout sur la marmite basse contenant les os et les légumes.

à la vapeur du couscoussier

AMINA KHAYAR

Cuisson : 50 min

Préparez la pâte pour "luter" le couscoussier : mélangez dans une terrine la farine avec deux blancs d'œufs. Malaxez du bout des doigts, jusqu'à obtention d'une pâte homogène et élastique.

Appliquez autour du couscoussier, de la pâte à la jonction entre la passoire et la marmite basse. Couvrez. Portez à ébullition et faites cuire 30 min. Pendant ce temps, pelez les petites pommes de terre, 4 carottes, les navets et petits oignons.

Parez les poireaux restants, équeutez les haricots verts, écossez les petits pois. Tournez les artichauts puis détaillez les courgettes en bâtonnets. Versez tous ces légumes sur les épaules d'agneau. Couvrez et laissez cuire encore 20 min.

BOUCHAÏB KAMA

Épaule d'agneau

4 personnes ★★ **Préparation : 25 min**

2 épaules d'agneau
2 g de pistils de safran
1/2 sachet de colorant safran
2 oignons
1/2 cuillère à café de gingembre moulu
3 bâtons de cannelle
40 g de beurre
2 cuillères à soupe d'huile d'olive
4 cuillères à soupe d'huile d'arachide

1 botte de coriandre fraîche
1 botte de persil plat
150 g de pruneaux
50 g de sucre
1 citron
100 g d'abricots secs
Poivre
Sel

Appelée en arabe *delaa*, l'épaule d'agneau représente un morceau de choix sur les tables marocaines. Mitonnée dans une onctueuse sauce au safran, la *delaa* de notre chef se pare de pruneaux pochés à la cannelle et au citron, et d'abricots confits au beurre. Mais selon l'inspiration du cuisinier, elle mijote parfois en compagnie de pruneaux farcis aux noix, d'artichauts et de petits pois...

Dans un repas marocain, une épaule d'agneau comble seulement l'appétit ordinaire de deux convives. La viande est systématiquement rincée avant sa mise en cuisson, afin de satisfaire aux exigences du *hallal* : l'animal, qui a été égorgé selon le rite musulman, doit être entièrement débarrassé de son sang, qui est considéré comme une substance impure.

Prenez la précaution de strier au couteau la surface de l'épaule, en entrecroisant les lignes. Ainsi, la chair cuira plus facilement et sera plus pratique à partager une fois dorée. De la pointe du couteau, Bouchaïb Kama pique également la viande crue en divers endroits, pour que les épices pénètrent mieux à l'intérieur et la parfument plus profondément. Si vous souhaitez caraméliser l'épaule d'agneau pour la rendre encore plus appétissante et croustillante, n'hésitez pas à terminer la cuisson au four très chaud.

Cultivé à grande échelle dans les vergers marocains, l'abricot est le principal fruit transformé dans le pays, sous forme d'oreillons au sirop ou déshydraté. À l'état frais, on l'associe volontiers à la cannelle, au miel et à l'eau de fleurs d'oranger pour la confection de desserts. Secs, les abricots sont peu employés dans les plats salés, à part dans les *tajines* d'agneau. Élaborés au Maroc, les pruneaux entrent également dans les préparations à base de mouton et de bœuf. Autrefois, le couscous *gassaa*, décoré de pruneaux et d'œufs durs était servi pour le premier repas des mariés.

Mettez les abricots à tremper dans un bol d'eau tiède. Rincez les épaules d'agneau. Entaillez-les superficiellement avec un couteau, en formant des lignes entrecroisées.

Faites chauffer 2 c. à s. d'huile d'arachide. Ajoutez les oignons hachés, 2 bâtons de cannelle, pistils de safran et colorant, sel, poivre. Faites fondre à feu vif. Ajoutez les épaules d'agneau. Retournez-les dans les épices pour bien les enrober.

Sur la viande, versez 2 c. à s. d'huile d'olive et d'huile d'arachide et saupoudrez de gingembre. Mouillez d'eau à hauteur Faites cuire 30 min.

aux abricots et pruneaux

BOUCHAÏB KAMA

Cuisson : 1 h 05

Au bout de ce temps, ajoutez sur la viande de la coriandre et le persil hachés. Continuez la cuisson pendant au moins 30 min.

Préparez les pruneaux : versez dans une casserole de l'eau, 1 bâton de cannelle, des tranches de citron, le sucre et les pruneaux. Faites-les pocher jusqu'à ce qu'ils soient tendres. Égouttez les abricots, et faites-les sauter dans 20 g de beurre.

Transférez l'agneau dans un plat. Passez la sauce au chinois. Faites-la réduire à feu vif. Ajoutez un morceau de beurre et fouettez pour monter la sauce. Continuez la réduction. Nappez la viande de sauce, décorez d'abricots et de pruneaux.

LAHOUSSINE
BEL MOUFID

Jarret de veau

4 personnes ★ **Préparation: 30 min**

1 kg de jarret de veau
5 bulbes de fenouil
1 oignon
4 gousses d'ail
1/2 cuillère à café de gingembre en poudre
1 pincée de pistils de safran
2 citrons
1 bouquet de persil
1 bouquet de coriandre
2 tomates

3 cuillères à soupe d'huile végétale
Sel
Poivre

Farce :
150 g de viande hachée de bœuf
1 oignon
Verts de fenouil
Sel
Poivre

Décoration (facultative) :
Feuilles d'aneth

Le jarret de veau au fenouil est un plat traditionnel marocain. Particulièrement apprécié dans la région de Casablanca, ce mets, facile à réaliser, dévoile les saveurs méditerranéennes.

Appelé besbes, en langue arabe, le fenouil pousse à l'état sauvage dans les campagnes marocaines. Reconnaissable à son parfum anisé, cette plante ombellifère, pouvant atteindre deux mètres, affectionne particulièrement les terrains sablonneux du littoral. Légume d'hiver, le fenouil s'utilise en branches, brindilles, ou en graines. L'arôme de son bulbe s'atténue légèrement à la cuisson. Son essence contient environ 85% du même anéthol que celle de l'anis. Préférez des fenouils de petites tailles, nettement plus tendres. Pour cette recette, n'oubliez pas de conserver les pousses duveteuses et anisées, placées au bout des tiges. Notre chef les incorpore à la farce.

Quant au jarret de veau, il doit mijoter longuement. Cette pièce, située juste derrière l'articulation du genou, s'avère très savoureuse. Optez pour du veau de première qualité, à la chair d'un blanc rosé.

Les parfums du persil, coriandre et ail aromatisent judicieusement ce plat. Irremplaçable, la pointe de gingembre apporte son caractère chaleureux. De saveur piquante, la racine de cette plante, originaire des Indes et de Malaisie, est un condiment phare de la gastronomie orientale. Son tubercule aromatique s'utilise frais, confit ou en poudre.

Cultivé à Taliouine, petit village du Sud marocain, niché entre Ouarzazate et Taradouant, le safran offre à cette préparation sa couleur rouge éclatante et sa délicatesse. Appelé za'farân, en langue marocaine, cette épice fut introduite en Espagne par les Maures. Extraits des fleurs du crocus mauve, les stigmates ou pistils sont toujours mélangés à l'eau avant d'être utilisés.

Pressez les 2 citrons et versez le jus dans un saladier avec un peu d'eau. Coupez l'extrémité des bulbes de fenouil. Effeuillez-en 4 jusqu'au cœur et disposez-les dans le saladier. Émincez entièrement le bulbe restant.

Dans un récipient, préparez la farce en mélangeant la viande de bœuf hachée, avec l'oignon émincé et les verts de fenouil ciselés. Salez, poivrez.

Garnissez les feuilles de fenouil avec l mélange de viande hachée. Réservez a frais.

au fenouil

LAHOUSSINE
BEL MOUFID

Cuisson: 1 h 05

Faites revenir le jarret de veau coupé en morceaux avec 3 c. à s. d'huile végétale. Ajoutez l'autre oignon et le fenouil émincés, les gousses d'ail écrasées, le persil et la coriandre ciselés. Salez, poivrez. Ajoutez gingembre et safran. Faites cuire 10 min.

Mouillez d'eau à hauteur. Couvrez. Faites cuire environ 40 min. À mi-cuisson, ajoutez les tomates mondées et coupées en petits dés.

Dans la marmite, disposez les fenouils farcis. Faites cuire, à feu très doux, environ 15 min. Dressez le jarret, accompagné de fenouils farcis. Décorez avec des feuilles d'aneth.

BOUCHAÏB KAMA

Kourdass de poulet,

4 personnes ★★ **Préparation: 45 min**

8 escalopes de poulets de 140 g chacune
8 cuisses de poulets
320 g de champignons de Paris
320 g de petits oignons
1 botte de persil
1 botte de coriandre fraîche
2 pincées de pistils de safran
1 cuillère à soupe d'huile d'olive
1 cuillère à soupe d'huile d'arachide

2 gros oignons
40 g de beurre
4 gousses d'ail
1/2 sachet de colorant safran
10 g de gingembre
50 cl de fond de volaille
Sel
Poivre

La kourdass est une sorte de paupiette originale imaginée par les ancêtres marocains. Dans la recette traditionnelle, la farce à base de foie et de cœur d'agneau, d'herbes et d'épices est maintenue par une tripe d'agneau. Bouchaïb Kama l'a adaptée aux goûts plus actuels en employant du poulet. Sa farce mêle avec subtilité chair de volaille, persil, coriandre et safran, entourés d'un filet de poulet finement aplati à la batte. Tout aussi inventifs, d'autres chefs préparent selon le même principe des kourdass au poisson.

Au Maroc, la consommation de poulet rivalise avec celle de l'agneau. Les élevages industriels se sont massivement implantés entre Casablanca et Rabat, là où se concentrent la majorité des consommateurs. C'est une viande beaucoup plus économique, et moins grasse que l'agneau pour les Marocains soucieux de leur ligne.

Lorsque vous préparerez la recette, procurez-vous des escalopes et des cuisses déjà découpées, ou bien quatre poulets entiers. Après avoir prélevé les filets et les cuisses, récupérez la chair sur la carcasse, et concassez cette dernière pour réaliser le fond. Dans une marmite, mélangez-la avec des queues de persil, oignons émincés, carottes et branches de thym. Mouillez à hauteur et faites cuire entre 1 h à 1 h 30. Comme nous l'avons fait, vous pouvez bien sûr arroser vos kourdass avec du fond de volaille prêt à l'emploi.

Notre chef incorpore des champignons de Paris dans sa sauce. Ceux que l'on consomme au Maroc sont issus d'une production locale : ils poussent en cave à Imouzar, dans l'Atlas. Les sous-bois marocains quant à eux abritent le même type de champignons qu'en Europe : chanterelles, pieds de mouton, morilles, cèpes...

S'il vous reste un peu de farce après la confection des kourdass, transformez-la en petites boulettes. Vous les ferez mijoter dans une sauce aux tomates et aux herbes.

Posez une escalope de poulet sur un morceau de film alimentaire. Recouvrez d'un autre morceau de film, et aplatissez la viande à l'aide d'une batte. Procédez de même pour les autres escalopes.

Désossez les cuisses de poulets et prélevez la chair. Disposez-la sur une planche à découper. Détaillez-la d'abord en petits cubes, puis hachez le tout au robot-mixeur.

Ajoutez dans la farce du sel, du poivre, la moitié de la coriandre et du persil hachés puis 1 pincée de pistils de safran. Malaxez à la main jusqu'à obtention d'une farce homogène.

champignon et oignons

BOUCHAÏB
KAMA

Cuisson: 40 min

Déposez un peu de farce au bas d'une escalope. Roulez-la sur elle-même pour former une paupiette ou "kourdass". Scellez l'extrémité avec une pique en bois. Préparez ainsi 7 autres kourdass. D'autre part, épluchez et hachez oignons et ail.

Faites revenir oignons et ail dans un mélange d'huiles olive-arachide. Versez les kourdass, et retournez-les pendant la cuisson. Ajoutez 1 pincée de safran et colorant, gingembre, coriandre, persil, champignons en quartiers et petits oignons épluchés.

Faites cuire les kourdass, environ 40 min jusqu'à ce qu'elles soient tendres en ajoutant du fond de volaille au fur et à mesure. En fin de cuisson, faites réduire la sauce et montez-la au beurre. Servez les kourdass tranchées, dans leur sauce aux oignons.

VICTORIA
BERDUGO

La dafina

8 personnes ★ **Préparation: 40 min**

2 kg de viande de bœuf basse côte et poitrine
1 pied de bœuf
1 noix de muscade
1 kg de pois chiches
3 dattes
1 oignon rouge
2 feuilles de laurier
3 kg de pommes de terre
1 cuillère à café de piment rouge en poudre
1 cuillère à café de macis
1 cuillère à café de cannelle en poudre
1 cuillère à café de ras el hanout
1/2 cuillère à café de gingembre en poudre
1 cuillère à café de safran en poudre
8 œufs
1 cuillère à soupe de vinaigre blanc
25 cl d'huile végétale
Poivre

Riz :
300 g de riz
2 cuillères à café de safran en poudre

5 cl d'huile végétale
Sel

Blé :
300 g de blé dur concassé
1 tête d'ail
1 cuillère à café de paprika
Piment rouge
2 morceaux de sucre
10 cl d'huile végétale
Sel

Boulettes :
500 g de viande de bœuf hachée
4 œufs
125 g de poudre d'amandes
1 tranche de pain ou de la semoule fine
1/2 cuillère à café de gingembre en poudre
1 pincée de macis
1/2 cuillère à café de cannelle en poudre
Poivre

La table juive est scellée aux fêtes religieuses. Se retrouver en famille autour de mets spécifiques offre à la communauté l'occasion d'honorer la mémoire des ancêtres et les principaux événements de l'histoire. Ce particularisme repose principalement sur deux facteurs : les lois alimentaires, la cacherout, et les lois relatives au chabbat et jour de fête.

Pour les juifs Marocain, la dafina est le plat du chabbat. Rares sont ceux qui pourraient le déguster un autre jour. Il doit cuire, en effet, vingt-quatre heures à feu très doux, à l'étouffée, c'est-à-dire shina. Si en Afrique du Nord, ce mets populaire est aussi appelé tfina, et connaît quelques variantes, il est toujours présenté pour le déjeuner du samedi.

Jadis, les femmes de la communauté juive de Tanger se rassemblaient autour du four à pain le vendredi après-midi, munies de leur dafina. Respectant l'interdiction d'allumer le feu, elles confiaient leur préparation au boulanger. Selon leur ordre d'arrivée, les femmes savaient déjà si le mets serait réussi. En fonction de son positionnement dans le four, il arrivait parfois qu'il soit trop cuit ou pas assez !

Aujourd'hui, la tradition se perpétue mais sur des fourneaux modernes. Il est donc impératif si vous souhaitez réaliser cette recette de couvrir votre plat d'un linge. En aucun cas, la vapeur ne doit s'échapper. Redoublez également de vigilance si vous le laissez sur le feu pendant la nuit.

Facile à réaliser, la dafina s'avère délicieuse. Très complet, ce plat se compose de viande de bœuf, œufs, riz, blé, pois chiches, pommes de terre...

Pour la réalisation des boulettes, vous pouvez remplacer la mie de pain par de la farine. Quant au riz, pour lui donner plus de saveur, madame Berdugo vous propose de le faire cuire avec un os à moelle.

Dans un faitout, mettez l'oignon non pelé, les pois chiches trempés, les dattes dénoyautées, les feuilles de laurier, la noix de muscade, 1 c. à c. de safran, le macis, la cannelle, le ras el hanout, le gingembre, le piment rouge en poudre. Poivrez.

Faites cuire 10 œufs dans de l'eau vinaigrée. Réservez-en 2 pour les boulettes. Dans le faitout, mettez pommes de terre, pied de bœuf coupé, poitrine et basse côte. Versez 25 cl d'huile, recouvrez d'eau. À ébullition, cuire à couvert pendant 5 h.

Lavez le riz. Dans un récipient, mélangez-le avec 5 cl d'huile végétale et 2 c. à c de safran. Incorporez le riz dans un sac Fermez le haut du sac avec une ficelle Réservez.

Cuisson: 24 h

Trempage des pois chiches: 12 h

Faites chauffer 10 cl d'huile. Ajoutez le blé concassé, la tête d'ail entière, le paprika, 1 c. à c. de piment rouge en poudre, le sucre. Remuez avec une spatule. Salez. Recouvrez d'eau bouillante et laissez cuire 1 h. Mettez le riz au four, à 180°C, pendant 30 min. Réservez.

Confectionnez les boulettes en mélangeant la viande de bœuf hachée avec la poudre d'amandes, le gingembre, macis, pain ou semoule, cannelle, poivre et les 2 œufs durs. Cassez les 2 œufs restants et ajoutez-les. Mélangez. Façonnez des boudins de viande et enveloppez-les de papier film.

Ajoutez dans la dafina, les boudins de viande, les 8 œufs durs non écalés, le sac de riz. Recouvrez le faitout d'un linge. Laissez cuire toute la nuit à feu doux. Le lendemain, dressez dans un grand plat la dafina avec le blé concassé.

M'HAMED
CHAHID

Lapin aux

4 personnes ★★ **Préparation: 25 min**

1 lapin de 2 kg
5 g de gingembre moulu
2 sachets de colorant safran
200 g d'oignons
1 bouquet de persil
1 bouquet de coriandre

1 kg de blettes
1 citron frais
5 cl d'huile d'olive
Sel
Poivre

Très appréciée dans le Sud du Maroc, la viande de lapin est volontiers cuite à la vapeur. À Marrakech, les cuisiniers valorisent parfois les cuisses dans une tangia, sorte de ragoût longuement mijoté dans un récipient ressemblant à un amphore. M'hamed Chahid a pour sa part choisi de les mitonner dans une sauce aux oignons, au gingembre et aux herbes, dans laquelle il ajoute des côtes de blettes.

La recette présentée a pour base une préparation traditionnelle de la campagne marocaine : le lièvre aux cardes sauvages. Dans les montagnes, les lièvres abondent et les bergers peuvent les capturer facilement. Cependant dans beaucoup de pays, cet animal n'est commercialisé que pendant les périodes de chasse. C'est pourquoi il est plus pratique de le remplacer par du lapin.

Compagnes originales de ce rongeur, les blettes appartiennent à la même famille botanique que les épinards. On les appelle aussi "bettes" ou "poirées". Dans son restaurant, notre chef leur préfère généralement des "cardes sauvages" à la tige épineuse et à la saveur un peu amère. Dans la blette, feuilles et côtes sont comestibles. Ces dernières, qui seront employées dans ce plat prennent également le nom de "cardes". Mais vous pourrez aussi, pour varier la recette, incorporer à leur place des gombos ou encore de tout petits coings à la saveur acide. Les feuilles vertes que vous aurez retirées pourront être cuisinées comme des épinards.

Dans la cuisine marocaine, les légumes occupent une place à part entière, et nullement un second rôle de "garniture". Aussi pour respecter la tradition, M'hamed Chahid détaille les côtes de blettes en petits morceaux et les fait toujours cuire dans la sauce de la viande : elle font ainsi partie intégrante du plat, et s'imprègnent délicieusement de toutes les saveurs d'herbes et d'épices.

Enlevez la tête du lapin et la graisse excédentaire. Découpez-le en 6 ou 8 morceaux, à l'aide d'un couteau tranchant.

Nappez le fond d'une marmite avec de l'huile. Disposez les morceaux de lapin dans l'huile chaude. Assaisonnez de colorant safran, gingembre, sel et poivre. Ajoutez les oignons épluchés et hachés.

Ajoutez enfin sur le lapin le persil et la coriandre hachés. Laissez mijoter 10 min. Mouillez à hauteur. Couvrez. Faites cuire doucement pendant 45 min.

côtes de blettes

M'HAMED
CHAHID

Cuisson: 1 h 10

Séparez les feuilles de blettes de leurs côtes. Parez la surface des côtes, puis raclez-les au couteau pour éliminer les filaments.

Coupez les côtes de blettes en deux dans la longueur. Détaillez-les ensuite en petits bâtonnets. Rincez-les à grande eau, puis faites-les tremper dans de l'eau citronnée.

Au bout du temps de cuisson indiqué, versez les morceaux de blettes dans la sauce du lapin. Ajoutez un peu d'eau. Couvrez et remettez à cuire pendant 15 min.

AMINA
KHAYAR

M'rouzia

4 personnes ★ **Préparation: 25 min**

1 kg d'épaule, jarret et gigot d'agneau
2 cuillères à soupe de smen
2 cuillères à soupe de gingembre moulu
2 cuillères à soupe de miel
1 pincée de pistils de safran

1 pincée de colorant safran
4 oignons
200 g d'amandes mondées
250 g de raisins secs blonds
50 cl d'huile de table

Le confit d'agneau appelé m'rouzia naquît derrière les remparts de l'antique cité de Fès. Lorsqu'il n'y avait pas encore de réfrigérateurs, cette méthode permettait de conserver la viande durant plusieurs mois. Parsemés d'épices et de beurre rance (smen), les morceaux d'agneau mijotaient de longues heures sur les braises du m'jmar (réchaud à charbon). Ils étaient ensuite versés dans une jarre en terre cuite : le mouton au fond, puis les raisins, les amandes et enfin la sauce. En refroidissant, celle-ci figeait et formait une couche qui protégeait la viande. Pour finir, le récipient était recouvert d'un papier huilé maintenu par une cordelette.

De nos jours, la m'rouzia est souvent préparée à l'occasion de l'Aïd-el-Kébir, la fête du mouton. Maintenant, les mères de famille marocaines font cuire les morceaux d'agneau dans une cocotte, sur le gaz. Elles conservent la m'rouzia pendant 3 ou 4 mois dans des bocaux en verre, au réfrigérateur.

Le parfum de la m'rouzia peut varier selon les goûts. Beaucoup y rajoutent de la cannelle et du ras-el-hanout (mélange d'épices typiquement marocain), ou bien de la coriandre séchée et moulue. Le côté sucré sera apporté soit par du sucre, soit par du miel, mais selon notre chef, ce dernier est préférable car il lie mieux la viande, lui apporte de la brillance et une couleur marron-dorée très appétissante.

Tout le monde n'apprécie pas la puissante saveur du smen, préparation à base de beurre que l'on remplacera aisément par de l'huile d'olive. À température ambiante, le beurre est d'abord ramolli en pommade. Dans un plat, on le travaille ensuite avec du sel fin et de l'eau chaude, pendant 1 h à 1 h 30. Versé dans un bocal hermétiquement fermé, le smen peut se conserver plusieurs années.

Mettez les raisins à tremper la veille, dans une terrine d'eau froide. Détaillez jarret, épaule et gigot en gros morceaux.

Épluchez les oignons. Coupez-les en deux, puis émincez-les très finement.

Disposez la viande au fond d'une marmite. Parsemez-la d'oignons émincés. Ajoutez le gingembre moulu, le safran en pistils, le colorant safran et le smen. Faites colorer 10 à 15 min sur le feu, en remuant la viande en cours de cuisson.

de Fes

AMINA
KHAYAR

Cuisson: 1 h 55

Réhydratation des raisins: 1 nuit

Versez alors de l'eau sur la viande, jusqu'aux 3/4 de la casserole. Couvrez. Laissez cuire 1 h 30, jusqu'à ce que la chair commence à se détacher des os.

Au bout de ce temps, ajoutez sur la viande les raisins égouttés et le miel. Mélangez. Remettez à cuire de 5 à 10 min, le temps que la sauce soit réduite et un peu sirupeuse.

Dans un sautoir, faites frire les amandes mondées dans l'huile de table. Servez la viande parsemée d'amandes frites.

M'HAMED
CHAHID

Pastilla

4 personnes ★★★ **Préparation : 30 min**

500 g de feuilles à pastilla
500 g d'oignons
2 bottes de persil
2 bottes de coriandre
50 g de vermicelles chinois
500 g de champignons de Paris
750 g de rognons blancs de veau
25 g de piment de Cayenne

25 g de paprika
20 cl d'huile de table
50 g de beurre
12 œufs
Sel
Poivre

La *pastilla* la plus traditionnelle, garnie de pigeon ou de cailles fut élaborée par les cuisiniers de Fès. Les morceaux de pigeon sont d'abord cuits dans une sauce très parfumée aux herbes et épices. Puis l'on prépare dans un peu de jus de cuisson des œufs brouillés aux herbes. Tous ces ingrédients sont ensuite enfermés dans des feuilles de *pastilla* et dorés au four. Au fil de la créativité des chefs, ceux-ci ont ensuite décliné la *pastilla* au poulet, aux abats ou aux fruits de mer : moules, crevettes et poisson blanc mélangés à du vermicelle.

M'hamed Chahid vous a concocté une recette provenant de Tétouan, vieille cité fortifiée aux accents hispano-mauresques située au nord du Maroc. La farce de base contenait des oignons, du persil, de la coriandre et des œufs battus avec de la cannelle, sel et poivre. Notre chef l'enrichit de champignons et rognons de veau, et fait cuire les œufs sous forme d'omelettes plates. Lors du montage de la *pastilla*, il alterne farce et omelettes parfumées au persil. Contrairement à la *pastilla* de pigeon, décorée de sucre glace et de cannelle, la nôtre sera présentée toute dorée, sans ornementation.

Avant de les intégrer dans la farce, prenez toujours la précaution de blanchir les lamelles de rognons, afin d'enlever un maximum d'impuretés. Les Marocains cuisinent couramment les abats de veau, de diverses façons : la cervelle est servie en salade, les rognons sous forme de brochettes et le foie en "boulfaf", sortes de paupiettes entourées de crépine.

Pour obtenir une présentation parfaite, les feuilles de *pastilla* doivent être solides et sans aucune déchirure. N'hésitez pas à ajouter quelques feuilles pour entourer l'ensemble, qui doit être manipulé avec précaution en raison du poids de la farce. Bien surveillée durant la cuisson, votre *pastilla* dorera ensuite au four sans brûler.

Mettez les vermicelles chinois à ramollir dans une terrine d'eau froide. Épluchez les oignons et coupez-les en petits cubes. Ciselez la coriandre et le persil. Rincez les champignons puis émincez-les.

Détaillez les rognons. Plongez-les 5 min dans l'eau bouillante pour les blanchir.

Dans une casserole nappée de 10 cl d'huile, faites revenir les cubes d'oignons additionnés de sel, poivre, paprika et piment. Ajoutez le hachis de coriandre et la moitié du persil. Laissez cuire 20 min, en remuant souvent.

à la tétouanaise

M'HAMED
CHAHID

Cuisson : 1 h 10

Ajoutez dans la casserole les lamelles de champignons et de rognons. Faites cuire encore 20 min à feu assez vif, puis ajoutez les vermicelles égouttés. Mélangez cette farce et réservez-la.

Battez 10 œufs avec le persil restant, sel, poivre et 1 filet d'huile de table. Versez une petite louche d'œufs battus dans une poêle huilée et chauffée, et faites une "omelette plate". Retournez-la pour faire dorer l'autre face. Préparez les autres omelettes.

Huilez un plat à four rond. Posez 4 feuilles de pastilla. Alternez par-dessus plusieurs couches de farce et d'omelettes. Repliez les feuilles sur la farce, recouvrez avec 3 ou 4 feuilles de pastilla collées à l'œuf et au beurre. Faites-la dorer 10 min au four.

LAHOUSSINE
BEL MOUFID

Pastilla

4 personnes ★★ **Préparation: 1 h**

4 pigeons de 450 g pièce
150 g de beurre
500 g d'oignons
1/2 cuillère à café de gingembre en poudre
1 pincée de pistils de safran
1 bouquet de coriandre
1 bouquet de persil
1 cuillère à soupe de cannelle en poudre
1 bâtonnet de cannelle
200 g de sucre semoule
10 œufs

500 g de feuilles de pastilla
250 g d'amandes mondées
1 cuillère à soupe d'eau de fleur d'oranger
Sel
Poivre

Décoration :
Sucre glace
Cannelle en poudre
Amandes
Feuilles de menthe (facultatif)

Les pastilla symbolisent à elles seules le raffinement de la gastronomie marocaine. Un dicton affirme d'ailleurs qu'un repas digne de ce nom comporte automatiquement cette délicieuse spécialité ! C'est dire la valeur accordée à ce mets.

Selon les familles, les pastilla se préparent au poulet, abats ou poissons. Excellentes, elles s'effacent, cependant, devant celle aux pigeons, la plus délicate et renommée. Dévoilant des saveurs de sucré-salé, ce plat nécessite du temps et de la patience.

Selon notre chef, les Marocains accordent aux feuilles de pastilla, ourqa, une réelle valeur affective. Composées de farine, eau et sel, elles furent introduites, il y a plus de 2000 ans, lors des conquêtes arabes. Originaires d'Ispahan en Perse, ces dernières inspirèrent, au fil des siècles, le répertoire culinaire du pays.

N'oubliez pas au moment de rabattre les feuilles de les beurrer. Cette astuce évitera qu'elles ne se dessèchent.

Cette pastilla offre au pigeon la place d'honneur. Très apprécié des Marocains, ce volatile dévoile une chair délicate. Appelé al hamam, il symbolise finesse et subtilité.

Quant aux amandes, elles ne peuvent être remplacées. Ces fruits ovoïdes de l'amandier, originaire d'Asie, possèdent une coque épaisse (amandon) renfermant une ou deux graines. Séchées, les amandes participent à de nombreux apprêts orientaux.

Le charme de ce plat passe également par la décoration. Les feuilles sont toujours recouvertes de sucre glace et cannelle en poudre. Apportant une touche supplémentaire de raffinement, cette dernière opération se révèle primordiale. En effet, c'est elle qui distingue ce mets de luxe. Selon l'inspiration, certains, comme notre chef, se font artistes. Vous pouvez comme lui dessiner au centre une fleur avec des amandes et des feuilles de menthe.

Épluchez et émincez les oignons. Découpez les pigeons en morceaux. Dans une marmite, faites suer les oignons avec 50 g de beurre. Ajoutez les pigeons, gingembre, cannelle en poudre, pistils de safran, sel, poivre. Versez 50 cl d'eau. Faites cuire entre 30 et 40 min.

Ajoutez la coriandre et le persil ciselés, le bâton de cannelle, l'eau de fleur d'oranger, 150 g de sucre semoule. Faites cuire 10 min. Retirez les pigeons et désossez-les. Faites réduire la sauce environ 15 min. Cassez 8 œufs, battez-les et versez-les dans la sauce.

Torréfiez les amandes, concassez-les. Faites fondre le restant de beurre. Beurrez la plaque. Posez dessus un cercle. Couvrez-le d'1 feuille de pastilla. Disposez 4 autres feuilles en rosaces en les faisant se chevaucher. Enduisez de beurre fondu.

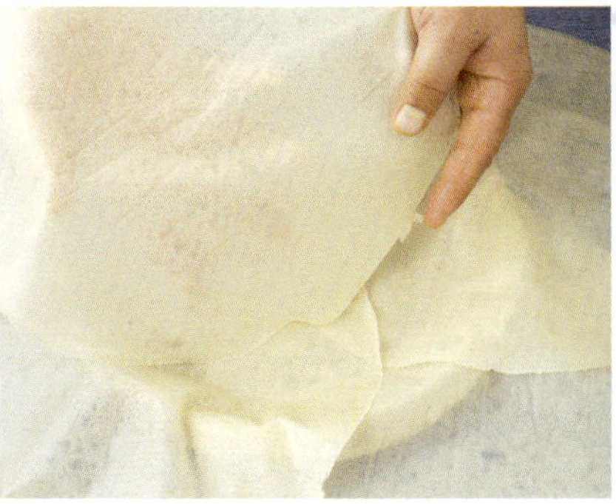

au pigeon

LAHOUSSINE
BEL MOUFID

Cuisson: 1 h 15

Étalez sur la feuille centrale les morceaux de pigeons. Ajoutez les œufs cuits dans la sauce, puis les amandes. Saupoudrez avec le sucre semoule restant.

Cassez les 2 œufs restants et réservez les jaunes. Recouvrez les feuilles de pastilla avec 2 feuilles. Rabattez sur celles-ci les parties débordantes. Enduisez de jaunes d'œufs.

Placez une dernière feuille de pastilla. Collez le dessus d'œufs battus. Faites cuire au four entre 2 plaques, à 180°C environ 10 min. Arrosez la pastilla de beurre. Décorez-la de sucre glace et de cannelle. Posez les amandes concassées et la menthe.

KHADIJA BENSDIRA

Pigeonneau

4 personnes ★ **Préparation : 40 min**

4 pigeonneaux de 450 g pièce
8 œufs
1/2 bottillon de persil
15 cl d'huile d'olive
1 cuillère à café de beurre rance (smen)
1 cuillère à soupe d'huile végétale
Sel
Poivre

Marinade :
4 gousses d'ail
1/2 botte de persil

1/2 botte de coriandre fraîche
250 g d'oignons
3 g de gomme arabique
1 cuillère à café de gingembre en poudre
1 pincée de pistils de safran
Sel
Poivre

Décoration :
2 citrons confits
Olives violettes (facultatif)

En marocain, *m'fenede* signifie caché, enrobé. C'est donc en dégustant ce mets, que les convives découvrent alors sous l'omelette le pigeonneau. Spécifique du sud marocain, en particulier de Tafilalet et Sijilmassa, situées dans les montagnes du Haut Atlas, ce plat est généralement offert à la jeune mère. Chargés de symboles, les pigeonneaux *m'fenede* sont censés enrichir le lait maternel et favoriser ainsi la croissance du nouveau né. Pour perpétuer cette tradition ancestrale, certaines Marocaines apportent encore aujourd'hui ce plat à la maternité.

Figurant également au patrimoine de la gastronomie royale, ce mets très riche se confectionne lors des grandes cérémonies. La chair délicate du pigeonneau et sa saveur subtile font de ce volatile un produit de luxe. Présents sur les étals du printemps à la fin de l'été, les pigeonneaux fermiers laissent leur place, le restant de l'année, à ceux d'élevage. Vous pouvez aussi utiliser pour cette recette, un autre volatile comme le poulet.

Il existe plusieurs façons de préparer le pigeonneau *m'fenede*. Celle proposée par Khadija Bensdira consiste à l'enrober d'une fine omelette au moment de le présenter dans les assiettes. Certains préfèrent le cuire dans de l'huile très chaude, l'imprégner ensuite d'œufs battus et le replonger dans l'huile de cuisson. La troisième méthode, héritée de la dynastie Alaouite, est certainement la plus délicate. Le pigeonneau est posé dans une marmite avec un peu de sauce. Quand il est chaud, on incorpore alors les œufs battus avant de refermer la marmite. Il faut ensuite le démouler sans abîmer la couche protectrice.

Quel que soit le mode de préparation, la présentation doit impérativement être respectée. En aucun cas, les convives ne doivent soupçonner ce que cache l'omelette. C'est seulement au moment de la dégustation que les papilles s'animent et découvrent avec ravissement les saveurs de ce plat plein de charme.

Dans un saladier, préparez la marinade avec le persil et la coriandre hachés, les gousses d'ail écrasées, les oignons ciselés. Ajoutez les pistils de safran, la gomme arabique pilée, le gingembre en poudre. Salez, poivrez. Versez un peu d'eau.

Préparez les pigeonneaux, en les flambant. Coupez les pattes et les ailerons. Videz-les et passez-les sous l'eau. Ficelez-les.

Incorporez les pigeonneaux dans la marinade. Coupez les citrons confits en lamelles et réservez-les pour la décoration.

m'fenede

KHADIJA
BENSDIRA

Cuisson : 1 h 10

Dans une casserole, mettez les pigeonneaux en cuisson. Mouillez d'eau à hauteur. À ébullition, ajoutez 15 cl d'huile d'olive et le beurre rance. Retournez les pigeonneaux. Faites cuire environ 1 h et retirez-les. Faites réduire la sauce.

Mettez les pigeonneaux au four, à 180°C, environ 3 min. Cassez les œufs et battez-les en ajoutant le persil haché. Salez, poivrez. Dans une poêle, faites cuire 4 omelettes avec l'huile végétale.

Enroulez chaque pigeonneau dans une omelette. Dressez-la dans l'assiette. Décorez avec les lamelles de citron et des olives violettes.

VICTORIA
BERDUGO

Poulet

4 personnes ★ **Préparation : 30 min**

1 poulet de 1 kg
4 poivrons rouges

Marinade :
6 gousses d'ail
1 bouquet de coriandre
1 cuillère à soupe de paprika
1 pincée de safran en poudre
5 cl d'huile d'olive
5 cl d'huile végétale
Sel
Poivre

Le poulet aux poivrons rouges est un plat typique de la communauté juive de Tanger et de Meknès. Préparé la veille de *Kippour*, jour du Pardon, ce mets délicieux garnit généreusement la table.

Si le jeûne est strictement observé pour cette fête, jour le plus saint et le plus solennel du calendrier religieux, chaque famille se fait un devoir de se retrouver la veille autour d'un grand repas.

Pour l'occasion, la table est dressée comme pour le *chabbat*. Chez les Séfarades, ce dîner comporte automatiquement plusieurs entrées et un plat à base de poulet. Préparée de multiples façons, la volaille symbolise l'expiation.

À Tanger et Meknès, le poulet aux poivrons rouges était considéré, dans les années 1950-1960, comme un mets de luxe. Pour réaliser cette recette, nous vous conseillons vivement d'opter pour un volatile assez gros, à la chair rebondie.

Cette spécialité juive marocaine offre aux poivrons une place d'honneur. Il en existe des dizaines de variétés dont les rouges, assez fragiles. Ces derniers, au goût suave, possède une chair épaisse très sucrée qui se prête idéalement aux salades et ragoûts. Pour cette préparation, ils imprègnent et colorent la chair du poulet. Il est préférable de les choisir bien durs, lisses ; le pédoncule assez vert et rigide.

Judicieusement "relevé", ce plat se révèle très peu épicé. Si le safran apporte son arôme spécifique et sa teinte particulière, il serait dommage d'occulter le paprika. Cette variété de piment doux réduit en poudre, est utilisée pour aromatiser les ragoûts, plats en sauce, soupes... Les gousses de cet arbuste, originaire d'Amérique, sont récoltées à la fin de l'été puis mises à sécher et broyer.

Préparez le poulet en détachant les cuisses. Manchonnez. Découpez les os des côtes en partant de la pointe du bréchet. Ôtez celui-ci, puis séparez les ailes. Retirez les petits os et manchonnez les pilons.

Lavez et équeutez les poivrons rouges. Coupez-les en 4 dans le sens de la longueur et épépinez-les.

Préparez la marinade en épluchant les gousses d'ail. Coupez-les en fines lamelles.

aux poivrons rouges

VICTORIA
BERDUGO

Cuisson : 45 min

Lavez la coriandre et ciselez-la à l'aide d'un grand couteau.

Dans un récipient, placez les ingrédients de la marinade. Mettez les lamelles d'ail, la coriandre ciselée, le safran en poudre, le paprika. Versez l'huile d'olive et l'huile végétale. Salez, poivrez.

Faites mariner les poivrons coupés. Mettez ensuite les morceaux de poulet. Tapissez le fond de la marmite avec les poivrons, disposez dessus le poulet, recouvrez de poivrons. Faites cuire à couvert environ 45 min. Dressez le poulet aux poivrons rouges dans un tajine.

M'HAMED
CHAHID

Poulet farci

4 personnes ★★ Préparation: 30 min

1 poulet d'1,8 kg
750 g d'épinards frais
250 g de foies de volaille
120 g de pignons de pin
500 g d'oignons
1/2 sachet de pistils de safran
1 sachet de colorant safran
1 cuillère à café de gingembre moulu

5 cl d'huile d'olive
60 g de beurre
Sel
Poivre

Garniture du plat :
2 citrons confits
150 g d'olives rouges confites

M'hamed Chahid a fait preuve de créativité pour améliorer encore la saveur et la présentation du célèbre poulet m'kalli aux olives et citrons confits. Entre chair et peau, il glisse en effet un mélange de pignons de pin, de foies de volaille et d'épinards. Le reste de cette suc- culente farce est aussi disposé à l'intérieur du volatile.

Pour obtenir un plat des plus raffinés, notre chef vous conseille de choisir un poulet de grain de la meilleure qualité, proposé avec ses abats. Il emploie généralement du poulet beldi qui a couru dans les fermes de la campagne marocaine. Ce dernier possède une chair ferme et goûteuse, mais qui demande une longue cuisson.

Les cuisiniers marocains aiment valoriser les abats de poulet sous forme de farce, ou coupés en petits dés et cuits dans la sauce. En dehors de cette utilisation, il n'existe pas au Maroc de plats spécifiques à base de foies de volailles. Les pignons quant à eux, constituent la touche personnelle du chef. Ces graines jaunâtres, au fort goût de résine proviennent des pignes de pins parasols.

Pour vous simplifier la tâche et gagner du temps, vous pouvez faire cuire tous les composants de la farce dans la même poêle : commencez par faire rissoler les foies de volaille. Lorsqu'ils commencent à dorer, incorporez les épinards, faites-les revenir puis ajoutez enfin les pignons de pin et donnez une dernière cuisson.

Au moment de farcir le poulet, M'hamed Chahid vous conseille de soulever délicatement la peau en introduisant les doigts. Enfoncez peu à peu la farce par dessous, en essayant de ne pas déchirer la peau. Pour éviter que la farce sorte durant la cuisson, prenez la précaution de brider le poulet, et faites-le mijoter lentement. Olives rouges et citrons confits viendront finalement orner le plat, sous le regard alléché des convives.

Faites griller les pignons à sec dans une poêle. Remuez-les à la spatule jusqu'à ce qu'ils soient bien dorés.

Rincez les feuilles d'épinards sous l'eau courante. Ôtez le bout des tiges et séparez les feuilles. Faites revenir ces dernières à la poêle, dans 30 g de beurre.

Parez les foies de volaille. Coupez-les en petits cubes. Faites-les revenir, à la poêle dans 30 g de beurre. Ajoutez les épinards et les pignons. Salez, poivrez. Faites revenir 2-3 min. Égouttez la farce obtenue. Laissez-la tiédir.

façon Chahid

M'HAMED
CHAHID

Cuisson: 1 h

Posez le poulet sur une planche à découper et la farce à proximité. Soulevez la peau du poulet, et enfoncez de petites cuillerées de farce entre chair et peau. Remplissez ensuite la cavité abdominale avec le reste de farce.

Bridez le poulet : passez une ficelle de cuisine sous les ailerons, croisez-la sur le ventre en serrant, puis repassez-la sous les pattes. Refaites un tour de ficelle, toujours en serrant et terminez par un solide nœud.

Dans une marmite, versez l'huile, puis disposez le poulet, pistils de safran, colorant safran, gingembre, sel, poivre et oignons hachés. Ajoutez un verre d'eau. Couvrez et faites cuire 45 min. Servez garni d'olives rouges et de citrons confits.

ABDELLAH ACHIAI

Poulet

4 personnes ★ **Préparation : 40 min**

1 poulet de 1,2 kg
500 g d'oignons
250 g d'amandes séchées et mondées
7 cl d'huile végétale
Sel

Marinade :
1 cuillère à café de smen (beurre rance)
1 bouquet de persil1 cuillère à café de pistils de safran
1 cuillère à soupe de colorant alimentaire
5 cl d'huile végétale
Sel
Poivre blanc

Décoration :
Persil

Dans la tradition culinaire marocaine, le terme *kedra* désigne une préparation spécifique à base d'oignons confits et d'amandes. Dans la région de Fès, le poulet est habituellement accompagné de cette garniture aux saveurs sucrées.

Ce mets traditionnel et raffiné se déguste principalement en famille. Selon notre chef, il est surtout confectionné aujourd'hui par les grands-mères. Facile à réaliser, il requiert cependant du temps. Par ailleurs, beaucoup de Marocains se révèlent pointilleux sur le choix de la volaille. Dans l'ensemble du pays, les poulets *beldi*, fermiers, reconnaissables à leur plumage multicolore, sont particulièrement prisés. Les jours de marché, les paysans des campagnes environnantes se rendent en ville, munis de ces volailles vivantes. Recherchés par les amateurs, les poulets *beldi* sont égorgés sur place et aussitôt plumés.

Pour cette recette, préférez un poulet fermier, élevé en plein air. Sa chair ferme, rebondie et un peu grasse, doit cuire assez longtemps.

Typiquement marocain, l'accompagnement *kedra* accorde une place de choix à l'oignon. Mi-condiment et mi-légume, ce dernier a tendance, à s'adoucir dans les contrées ensoleillées. Son goût devient alors plus subtil et nuancé. Cultivée depuis plus de 5000 ans, cette plante potagère de la famille des liliacées, est originaire du nord de l'Asie. Son bulbe parfume délicieusement les mets. Choisissez des oignons sans germes, le bulbe bien dur, fermé.

Quant aux amandes, qui agrémentent ce plat, elles sont originaires d'Asie. Elles étaient connues des Romains sous le nom de "noix grecques". Séchées, elles entrent dans la préparation de nombreux mets orientaux. Pour cette recette, il est impératif d'utiliser des amandes mondées.

Le poulet *kedra* est un mets convivial et délicieux qui offre à la table un air de fête.

Enlevez les ailes du poulet et découpez ce dernier en 4 en commençant par sectionner les cuisses. Levez les suprêmes.

Préparez la marinade en disposant dans un saladier, le persil haché, le colorant alimentaire, les pistils de safran, le beurre rance. Versez 5 cl d'huile végétale. Salez, poivrez. Faites mariner les morceaux de poulet 1 h.

Mettez en cuisson le poulet et la marinade en ajoutant 1 c. à s. d'huile végétale. Mouillez d'eau à hauteur. Faites cuire environ 30 min.

kedra

ABDELLAH ACHIAI

Cuisson : 40 min

Marinade du poulet : 1h

Épluchez les oignons. Émincez-les. À feu très doux, faites-les confire sans coloration avec 5 cl d'huile végétale. Salez.

Quand le poulet est cuit, réservez-le. Faites blanchir les amandes, environ 10 min, dans la sauce du poulet.

Dans la casserole des oignons, ajoutez les amandes et mélangez le tout délicatement. Dressez le poulet kedra dans les assiettes. Décorez avec du persil haché.

MOHAMMED
AITALI

Queue de bœuf aux pois

4 personnes ★ **Préparation: 20 min**

1,4 kg de queue de bœuf en tronçons
5 cl d'huile de table
5 cl d'huile d'olive
30 g de coriandre fraîche
20 g de persil plat
50 g d'ail
350 g d'oignons
1/2 cuillère à café de cumin moulu
1/4 de cuillère à café de paprika

200 g de pois chiches
150 g de raisins secs blonds
Sel
Poivre

Décoration :
25 g de graines de sésame
10 g de persil plat

La queue de bœuf aux pois chiches et raisins secs constitue un plat très populaire sur les tables marocaines. Très appréciée dans le pays, cette pièce de viande est aussi mijotée dans une compotée d'oignons et de raisins. Cuite en compagnie de légumes, elle garnit également certains couscous. Toutefois, la queue de mouton est plus souvent consommée. Séchée, elle agrémente un délicieux couscous servi lors de la fête de Achoura.

Considérée comme un morceau de troisième catégorie, la queue de bœuf nécessite une très longue cuisson à feu doux dans un liquide parfumé pour être tendre et goûteuse. Dans plusieurs pays, notamment en France, on la laisse toujours s'attendrir jusqu'à ce qu'elle se détache toute seule des os, et les délicieux petits morceaux de viande obtenus sont valorisés pour préparer des farces, des terrines, du hachis Parmentier etc...

Notre chef au contraire, présente dans l'assiette les tronçons de queue de bœuf avec la viande accrochée à l'os. Les cuisiniers marocains estiment que sa saveur et la texture de sa chair sont proches de celle du collier, par lequel on peut la remplacer dans notre recette. Choisissez-la d'assez grosse taille et bien charnue autour de l'os.

Cultivés au Maroc, les pois chiches, issus d'une plante proche du haricot, sont presque exclusivement consommés séchés. Car à l'état frais, ils n'ont quasiment pas de goût. Dans les marmites locales, ils se glissent dans les couscous, la queue de bœuf en sauce, les salades et les plats à base de pieds de veau.

Tout fondants et gonflés de sauce, les raisins secs apportent leur note sucrée à la recette. Produits dans les régions viticoles de Meknès, Fès, Marrakech... ils peuvent être blonds, rougeâtres ou noirs. Les plats de mariage, de cérémonie et de fêtes religieuses ne sauraient se passer d'un décor aux raisins et amandes, symboles d'abondance, de luxe et de convivialité.

Faites tremper les pois chiches la veille. Dans une grande cocotte, faites chauffer un mélange d'huile d'olive et d'huile de table. Saisissez les morceaux de queue de bœuf dans l'huile bien chaude.

Sur une planche, hachez au couteau persil, coriandre fraîche, oignons et ail épluchés. Ajoutez-les sur la viande. Laissez revenir quelques instants sur le feu, en tournant.

Assaisonnez avec le sel, le poivre, le cumin et le paprika. Tournez quelques minutes sur le feu pour que les épices expriment bien leur parfum.

chiches et raisins secs

MOHAMMED
AITALI

Cuisson: 2 h 15

Trempage des pois chiches: 1 nuit

Égouttez les pois chiches. Versez-les dans la casserole de viande.

Mouillez d'eau à hauteur. Couvrez et laissez cuire au moins 2 heures à feu doux, jusqu'à ce que la viande commence à se détacher des os.

15 min avant la fin de la cuisson, ajoutez les raisins secs dans la viande en sauce. Achevez de cuire. Disposez la viande au milieu des pois chiches et raisins secs. Décorez de persil et éventuellement de graines de sésame.

ABDELLAH
ACHIAI

Suprêmes de pintade

4 personnes ★ **Préparation: 45 min**

4 suprêmes de pintade
1 cuillère à café de cannelle en poudre
50 g de sucre semoule
1 oignon
1 cuillère à café de gingembre en poudre
1/2 sachet de colorant alimentaire
1 cuillère à café de pistils de safran
3 cuillères à soupe d'huile végétale
Sel
Poivre blanc

Farce de semoule :
200 g de semoule fine
100 g de raisins secs
1 cuillère à café de cannelle en poudre
100 g d'amandes mondées
1 cuillère à café d'eau de fleur d'oranger
50 g de beurre
50 g de sucre semoule
4 cuillères à soupe d'huile végétale
Sel

Pour les Marocains, la préparation seffa est indissociable de leur patrimoine culinaire. Composée de semoule sucrée, aromatisée de cannelle et parfumée d'eau de fleur d'oranger, cette spécialité originaire de Fès, a dépassé, depuis longtemps, les enceintes de la ville impériale. Dans la plupart des familles, la seffa se déguste en dessert accompagné d'un verre de lait.

Abdellah Achiai a souhaité mettre en valeur cette douceur tout orientale en la mariant aux suprêmes de pintades. Farcis de seffa, ces derniers dévoilent toute la subtilité de la gastronomie marocaine.

La pintade est une volaille de la famille des numididés, originaire d'Afrique où certaines espèces sauvages subsistent encore. Les Romains la surnommaient "poule de Numidie ou de Carthage". Les suprêmes de ce volatile se révèlent particulièrement savoureux et parfumés. Notre chef vous suggère de réaliser aussi cette recette avec du pigeon ou de la perdrix.

Comme les autres habitants du Maghreb, les Marocains affectionnent particulièrement la semoule. Cette dernière est obtenue grâce à la mouture d'une céréale, essentiellement le blé dur. Les grains sont d'abord débarrassés des impuretés puis humidifiés afin de faciliter la séparation du cœur du grain (semoule), des enveloppes (son), puis moulus. Le produit de ce broyage est alors tamisé et purifié. La réussite du couscous passe incontestablement par la qualité de la graine ; mais aussi, par le fraisage, l'art de travailler à la main cette dernière. Il est aussi impératif de la faire cuire plusieurs fois à la vapeur du couscoussier.

En Afrique du Nord, le sucre, ingrédient indispensable de la seffa, est extrait du palmier-dattier. Il y a des milliers d'années, les Asiatiques utilisaient déjà cette substance sous forme de sirop de canne. Selon la légende, c'est Alexandre le Grand, au IVe siècle avant l'ère chrétienne, qui introduisit, en Méditerranée, sa culture.

Les suprêmes de pintade façon Abdellah Achiai sont un pur délice. Comme notre chef, taillez-les en biseaux afin de dévoiler la farce de semoule. Cette présentation délicate contribuera à valoriser ce mets si raffiné.

Pour la farce, salez la semoule. Versez dessus 4 c. à s. d'huile végétale. Travaillez-la à la main. Versez un peu d'eau. Mélangez avec les mains. Laissez absorber, versez encore un peu d'eau.

Faites chauffer de l'eau dans la marmite du couscoussier. À ébullition, mettez la semoule dans la passoire et faites-la cuire à la vapeur, 15 min. Transvasez-la dans un saladier. Ajoutez un peu d'eau. Mélangez. Une fois l'eau absorbée, remettez la semoule, en cuisson, 15 min.

Mélangez la semoule avec 50 g de sucre, les raisins secs réhydratés, les amandes, 1 c. à c. de cannelle, le beurre et l'eau de fleur d'oranger. Mélangez.

façon Abdellah Achiai

ABDELLAH ACHIAI

Cuisson: 55 min

Enlevez la peau des suprêmes. Découpez-les dans le sens de la longueur. Avec la lame d'un gros couteau, aplatissez-les. Farcissez sur toute la longueur les suprêmes avec la préparation de la semoule.

Avec les doigts, enroulez délicatement les suprêmes de pintade farcis. Hachez l'oignon.

Faites cuire 3 min les suprêmes avec 3 c.à s. d'huile. Ajoutez oignon, cannelle, colorant, safran, gingembre et sucre. Salez, poivrez. Mouillez avec 1 verre d'eau. Faites cuire à couvert 20 min. Réduisez la sauce. Tamisez-la. Découpez les suprêmes en biseaux. Dressez.

M'HAMED
CHAHID

Tride au poulet

4 personnes ★★ **Préparation : 30 min**

1 poulet de grain
2 oignons
5 pistils de safran
1 sachet de colorant safran
1 cuillère à café de ras el hanout
1,5 litre de bouillon de volaille
10 cl d'huile d'olive
Sel
Poivre

Tride :
500 g de farine
1 pincée de sel
1 filet d'huile de table

Le *tride* au poulet de grain est un mets de cérémonie. Dans les campagnes, il figure fréquemment au menu de la fête organisée après la fin des moissons. D'autres encore l'offrent aux jeunes mamans comme plat reconstituant.

Proches des feuilles de *pastilla*, les *tride* sont légèrement plus épais et de la grandeur d'une crêpe. Leur mode de cuisson traditionnel est assez original. Au départ, le cuisinier réalise une pâte à base de farine, de sel, d'huile et d'eau qu'il malaxe et met en boule. Puis il la divise en plusieurs pâtons. Dans un plat en terre bien huilé, il les aplatit le plus finement possible, du bout des doigts. Il allume un *brasero*, et retourne par-dessus une grosse jarre bombée. Lorsqu'elle est bien chaude, il plaque sur les parois les feuilles de *tride*, et attend qu'elles soient cuites. Cependant, certains Marocains se simplifient la tâche en faisant cuire les *tride* à la poêle, méthode que nous avons adoptée pour rendre le plat plus accessible à tous.

Notre chef vous conseille d'employer dans cette recette un poulet nourri au grain. Au Maroc, on l'appelle "beldi" car il vit en liberté autour des fermes, dans le *bled*. Malgré sa peau grisâtre ou jaune, et sa chair peu abondante et ferme, beaucoup de Marocains jugent sa saveur bien supérieure aux volailles industrielles, blanches et molles.

Faites surtout bien revenir le poulet avec les condiments, afin qu'il dore, que les oignons fondent et que l'assaisonnement puisse pénétrer au plus profond de sa chair. Alors seulement vous ajouterez le bouillon de volaille.

N'oubliez pas de réveiller votre sauce grâce à la chaude saveur du *ras el hanout*. Cet assortiment d'épices très raffiné comporte parfois jusqu'à douze condiments. Malheureusement, son utilisation est maintenant limitée aux plats "de terroir", mijotés par les grands-mères.

Pour les tride, versez la farine dans une terrine. Ajoutez du sel, un verre d'eau et un filet d'huile. Malaxez la pâte jusqu'à former une boule. Séparez-la en plusieurs boulettes.

Du bout des doigts, étalez longuement chaque boulette pour obtenir des feuilles très fines et presque transparentes. Faites-les cuire à la poêle, comme des crêpes. Réservez-les.

Découpez les deux cuisses du poulet, puis les ailerons. Détaillez la carcasse en 4 morceaux.

de grain

M'HAMED
CHAHID

Cuisson : 1 h 25

Disposez les morceaux de poulet dans une marmite. Arrosez d'huile d'olive. Ajoutez les oignons coupés en lanières, les pistils de safran, le colorant, du sel, du poivre et du ras el hanout. Faites mijoter 10 min.

Au bout de ce temps, arrosez le poulet avec 1,5 l de bouillon de volaille. Couvrez. Laissez cuire pendant 1 heure.

Au-dessus d'une terrine, tirez sur les tride et émiettez-les grossièrement. Disposez-les dans un joli plat de service. Installez les morceaux de poulet par dessus et nappez-les de sauce.

Desserts

ABDELLAH ACHIAI

Baghrir aux dattes

4 personnes ★ **Préparation : 40 min**

250 g de dattes du Tafilalet
100 g d'amandes mondées
1 cuillère à café de cannelle en poudre
1 cuillère à café d'eau de fleurs d'oranger
2 cuillères à soupe de miel

Pâte des baghrir :
250 g de farine
250 g de semoule fin1 œuf
2 sachets de levure chimique
1 cuillère à café de levure de boulanger
Sel

Décoration :
Miel
Amandes concassées

Les *baghrir* sont des crêpes typiquement marocaines. Composées de farine, semoule fine, œuf, levures, sel et eau, ces dernières se consomment à tout moment de la journée. Généralement arrosées de miel, elles sont offertes aux hôtes en signe de bienvenue.

Traditionnellement, les *baghrir* sont cuites sur des briques en terre, appelées *zelige*. Les Marocains affirment que ces crêpes délicieuses sont parfaitement réussies, si elles comportent mille petits trous !

Abdellah Achiai a souhaité marier ces douceurs orientales aux célèbres dattes du Tafilalet. Ces dernières, produites dans les magnifiques oasis du Sud marocain, portent le nom d'une région au passé prestigieux. Comptant aujourd'hui plus d'un million de palmiers-dattiers, le Tafilalet fut au cours de l'histoire la voie de passage obligée des caravaniers qui se rendaient de Fès à Tombouctou. Réputée dès l'époque romaine, sa capitale Sijilmassa, rivale de Fès et Marrakech, resta pendant plus d'un millénaire, l'un des principaux centres du négoce saharien. Marchands juifs et musulmans écoulaient alors aux portes de ce désert, étoffes précieuses, métaux, dattes et sel.

Très énergétiques, ces crêpes fourrées aux dattes se révèlent délicatement parfumées. La cannelle dévoile sa saveur chaude et piquante. Épice indispensable de la gastronomie marocaine, cette écorce séchée du cannelier est reconnaissable à son odeur puissante et pénétrante.

Quant à l'eau de fleurs d'oranger, elle est utilisée dans de nombreuses préparations. Extraites du bigaradier, les fleurs sont macérées, puis distillées. Cette eau est également réputée pour apaiser l'anxiété.

Les *baghrir* aux dattes du Tafilalet sont particulièrement excellentes accompagnées d'une tasse de café.

Baghrir : mélangez dans un saladier la farine et la semoule. Dans un autre saladier, mettez les 2 levures, l'œuf, le sel et 1 verre d'eau tiède. Mélangez. Incorporez petit à petit le mélange farine-semoule. Mélangez afin d'obtenir une pâte homogène. Laissez reposer 1 h.

Sur le plan de travail, dénoyautez les dattes et coupez-les en très petits dés.

Concassez les amandes et torréfiez-les. Mettez-les dans un saladier. Ajoutez les dattes, la cannelle en poudre et l'eau de fleurs d'oranger.

de Tafilalet

ABDELLAH ACHIAI

Cuisson : 15 min

Repos de la pâte des baghrir : 1 h

Mélangez la farce en l'écrasant avec le dos d'une cuillère. Ajoutez 2 c. à s. de miel. Mélangez de nouveau.

Avec une louche, versez la pâte des bagh- r i r

Avec une louche, versez la pâte des baghrir dans la poêle, sans matière grasse, pour leur donner la forme d'une crêpe.

dans la poêle, sans matière grasse, pour leur donner la forme d'une crêpe.

FATIMA
MOUZOUN

Bouchées aux amandes

4 personnes ★ **Préparation : 20 min**

1 kg d'amandes décortiquées
4 œufs
150 g de sucre semoule
1 pincée de girofle en poudre

1 cuillère à café de cannelle moulue
2 sachets de levure chimique
1 sachet de sucre vanillé
250 g de sucre glace

Croquantes et nappées de sucre glace, les petites bouchées de Fatima attirent inévitablement l'œil des gourmands. Plantée au centre de la pâte, une amande entière les rend encore plus appétissantes. Les Marocaines adorent offrir à leurs amies ce genre de friandises, en compagnie d'un verre de thé à la menthe.

Au Maroc, ces délices figurent dans la catégorie des pâtisseries appelées *ghriba*. On peut en déguster de deux sortes : la variété brune, que nous vous proposons est recouverte de sucre glace et en partie caramélisée au four. La *m'soussa* en revanche, est de couleur blanche ; elle comporte du beurre et n'est pas parfumée aux clous de girofle. La présence de levure fait gonfler les bouchées en cuisson, et induit à la surface des petites fissures, qui forment une sorte de décoration.

Dans la pâte, une minuscule pincée de clous de girofle moulus suffira largement : leur arôme surpuissant, qui évoque la réglisse et la violette, risquerait de tout dominer. S'ils sont entiers, pilez-les finement dans un mortier. En effet lorsqu'on déguste une pâtisserie, il n'est pas très agréable de trouver sous la dent un petit morceau de girofle !

Originaire de l'archipel des Moluques, en Indonésie, cette épice constitue le bouton floral du giroflier, arbre de la famille des myrtes. Pour varier les parfums de ces petits gâteaux, n'hésitez pas à la remplacer par de la noix de muscade râpée, ou de la gomme arabique pilée avec du sucre.

Poudre et amandes entières entrent dans cette pâtisserie, comme dans presque toutes les douceurs locales. Il existe au Maroc de nombreuses variétés d'amandes : énormes ou minuscules, sucrées ou très amères. Pour confectionner ses bouchées, Fatima Mouzoun choisit volontiers des petites *louz beldi* à l'aspect "rustique", assez minces et très sucrées. Notre chef les remplace aussi parfois par des noix ou des cacahuètes.

Disposez les amandes non mondées sur la plaque du four. Faites-les griller 5 min au four. Versez 900 g d'amandes dans le bol du robot et mixez-les (gardez le reste pour la décoration).

Versez le sucre dans une terrine. Cassez les œufs par-dessus. Ajoutez la poudre de clous de girofle.

Ajoutez ensuite la levure chimique, l[e] sucre vanillé et la cannelle. Fouettez éner[-]giquement.

et clous de girofle

FATIMA
MOUZOUN

Cuisson : 15 min

Incorporez dans ce mélange les amandes grillées et hachées. Pétrissez à la main jusqu'à obtention d'une pâte homogène.

Prenez des petits morceaux de pâte dans la main, et formez des boulettes. Aplatissez-les légèrement.

Trempez rapidement une face de chaque boulette dans du sucre glace. Plantez une demi-amande grillée au centre des bouchées. Posez-les sur une plaque huilée. Faites-les cuire 10 min au four à 140°C.

FATIMA MOUZOUN

Briouates aux

4 personnes ★★ **Préparation : 30 min**

1 kg d'amandes décortiquées
375 g de sucre semoule
1/2 verre à thé d'eau de fleurs d'oranger
2 cuillères à café de cannelle en poudre
2 cuillères à soupe de beurre

2 ou 3 œufs
1 kg de miel
10 feuilles de pastilla
1 pincée de gomme arabique en grains
Huile de friture

Dans les buffets de cérémonie, des pyramides de *briouates* aux amandes et au miel attendent d'être dévorées par les convives, mis en appétit par leur aspect doré et croustillant. En arabe littéraire, le mot *briouate* est le pluriel de "bra" qui signifie "enveloppe". Cette dernière enferme une farce moelleuse composée d'amandes, de cannelle et d'eau de fleurs d'oranger.

Les *briouates* les plus courants ressemblent à des petits chaussons triangulaires, que l'on remplit d'une boulette de farce. Vous pouvez cependant diviser la garniture en minuscules boudins, et enrouler la lanière de *pastilla* de manière à obtenir un cigare. Vous les ferez ensuite dorer en friture, puis les plongerez délicatement dans du miel. Pour ceux qui n'apprécient pas ce breuvage, notre chef enroule un long boudin de farce dans une feuille de *pastilla*, puis découpe le tout en bâtonnets. Elle les badigeonne de jaune d'œuf, les saupoudre d'amandes hachées et les fait cuire au four.

Fatima Mouzoun vous suggère une méthode simple pour découper des bandes de *pastilla* régulières : roulez la feuille sur elle-même, puis divisez-la en tronçons, à l'aide d'un petit couteau. Elle déroule ensuite la bande et dépose un peu de jaune d'œuf sur le haut. Au pinceau, elle enduit le reste de la pâte avec de l'huile. Ainsi, le gâteau reste bien collé pendant la cuisson et ne laisse pas échapper la farce.

Dès que les bouchées sont bien dorées dans l'huile, transférez-les dans un récipient rempli de miel : ainsi, elles absorberont au mieux ce produit, et leur surface sera saisie par le contraste de température entre l'huile bouillante et le miel froid. Notre chef aime plonger ses *briouates* dans du miel de thym, parfumé et très coloré. Plus raffiné encore, du miel sauvage de montagne les transforme en délices royaux. Vous les décorerez joliment en trempant les bordures dans des amandes, pistaches concassées ou graines de sésame.

Plongez les amandes dans une casserole d'eau bouillante et attendez que leur peau cloque. Sortez-les de l'eau à l'aide d'une écumoire, laissez tiédir puis épluchez-les.

Faites chauffer une poêle remplie d'huile. Lorsque celle-ci est brûlante, versez 250 g d'amandes mondées et laissez-les dorer 5 min. Hachez-les au robot et réservez.

Versez ensuite les 750 g d'amandes mondées restantes dans le bol du robot-mixeur. Ajoutez le sucre puis mixez.

amandes et au miel

FATIMA
MOUZOUN

Cuisson : 15 min

Dans un plat, déposez la pâte d'amandes obtenue. Ajoutez les amandes frites hachées et amalgamez les deux. Roulez un gros boudin.

Ajoutez dans cette pâte de la gomme arabique pilée, du beurre, de l'eau de fleurs d'oranger et de la cannelle. Malaxez le tout pour obtenir une farce homogène. À part, battez les œufs dans un bol.

Découpez des bandes dans les feuilles de pastilla. Posez une boulette de farce en bas d'une bande. Repliez en triangle de droite jusqu'en haut. Badigeonnez au jaune d'œuf. Passez les briouates en friture, puis dans le miel.

KHADIJA BENSDIRA

Briouates aux

4 personnes ★★ **Préparation : 40 min**

4 feuilles de pastilla
1 pomme
1 banane
1 poire
100 g de fraises
1 kiwi
1 citron
100 g de sucre semoule
50 g de beurre

2 cl d'eau de fleurs d'oranger
100 g de noix
1 œuf
20 cl d'huile de friture

Décoration :
50 g de sucre glace
20 g de cannelle en poudre
Feuilles de menthe (facultatif)

Si vous avez le privilège d'être l'hôte d'une famille marocaine, vous aurez sûrement l'occasion de déguster les délicieuses *briouates*, petits chaussons fourrés de pâte d'amandes. Notre chef a souhaité innover en adaptant ces pâtisseries traditionnelles avec une farce de fruits frais.

Cultivées au Maroc, les fraises étaient très appréciées des Romains qui occupèrent le pays. Selon la légende, ces fruits, riches en vitamines C et sels minéraux, procureraient la longévité. Optez pour des fraises intactes, non humides avec le pédoncule frais et mûr. Lors de la préparation, évitez au moment de les laver, de les tremper dans l'eau. Vous pouvez confectionner cette recette avec les fruits de votre choix, en évitant d'utiliser des agrumes.

Préparés séparément, les fruits, une fois découpés, sont ensuite macérés avant d'être légèrement cuits au beurre. La banane qui entre dans la composition de la farce dévoile pleinement son arôme. Originaires de l'Inde, les bananiers sont cultivés dans les régions tropicales. La plupart des variétés de bananes douces sont de couleur jaune. Généralement, elles sont présentées sur les étals encore un peu vertes. Il est important de les laisser mûrir à température ambiante. Nourrissants et énergétiques, ces fruits contiennent des pectines qui contribuent à leur onctuosité et de l'acide malique qui les rendent rafraîchissants quand on les consomme crus. Associées à la cannelle, les bananes se révèlent exquises.

Quant aux kiwis, aussi appelés "groseilles de Chine", ils sont reconnaissables à leur peau velue brun-verdâtre. Une fois pelés, ils dévoilent une chair vert clair, juteuse, parfumée et acidulée. Choisissez de préférence des kiwis fermes qui mûriront à température ambiante.

Cette adaptation des célèbres *briouates* est une pure merveille. Décorées de sucre glace et de cannelle, ces pâtisseries sont à l'image du Maroc, délicates et raffinées.

Préparez les fruits en pelant la pomme, la poire et le kiwi. Épluchez la banane. Rincez les fraises. Coupez tous les fruits en petits dés et placez chaque variété dans un petit bol. Concassez les noix.

Pressez le citron. Mettez le jus de citron dans un verre, ajoutez le sucre semoule et l'eau de fleurs d'oranger. Versez un peu de ce mélange dans chaque bol de fruits. Laissez macérer 5 min.

Dans une poêle, faites fondre le beurre. Faites tomber séparément les dés de poire, pomme, fraises, kiwi et banane.

fruits frais

KHADIJA
BENSDIRA

Cuisson : 10 min

Macération des fruits : 5 min

Égouttez les fruits et mettez-les dans un saladier. Ajoutez les noix concassées.

Juxtaposez les feuilles de pastilla. Pliez-les en 2 puis en 4. Découpez-les en lanières. Cassez l'œuf. Dans un bol, battez le jaune et réservez.

Garnissez les lanières de farce. Pliez-les en triangles en roulant une fois à gauche, une fois à droite pour les border. Collez la fin de chaque triangle avec du jaune d'œuf. Faites frire les briouates, entre 3 et 4 min. Épongez. Décorez-les de sucre glace et de cannelle.

FATIMA
MOUZOUN

Chabakia

4 personnes ★★ **Préparation: 30 min**

500 g de farine
1 œuf
2 cuillères à soupe de vinaigre blanc
1 cuillère à café de cannelle en poudre
150 g de graines de sésame
1 cuillère à soupe de graines d'anis
200 g d'amandes décortiquées
2 sachets de levure chimique

50 g de beurre
10 cl d'huile d'olive
1 pincée de gomme arabique en grains
1 pincée de pistils de safran
10 cl d'eau de fleur d'oranger
1 kg de miel
Huile de friture

Pendant la période du Ramadan, les Marocains ont l'habitude de rompre le jeûne en dégustant la soupe harira, qu'ils accompagnent de dattes et de croustillantes tresses au miel : généralement appelées chabakia, ces dernières prennent à Fès le nom de griwach. Tandis que dans le centre du Maroc, les amateurs les nomment m'kharka. Elles figurent aussi parmi les pâtisseries que l'on offre volontiers en compagnie d'un café, après un dîner de mariage. Il existe également une autre variété de chabakia, dont la pâte de couleur orangée, enroulée en turban est frite puis plongée dans un sirop.

Les chabakia ordinaires ne comportant pas d'amandes, ce sont les graines de sésame qui forment la base de la pâte : on les appelle en marocain janjlan. Dans notre recette, une partie est moulue et incorporée dans la pâte, tandis que l'autre sert pour la décoration. N'hésitez pas à les faire griller à sec afin de développer leur arôme, qui apporte un délicieux arrière-goût de noisette.

Fatima Mouzoun parfume sa pâte aux filaments de safran, eau de fleur d'oranger, anis et gomme arabique. Cette résine est secrétée par un acacia d'Égypte et du Soudan. Au Maroc, elle est commercialisée en cristaux de couleur jaune très pâle, mais on la trouve aussi dans d'autres pays sous forme de poudre blanche. Il est conseillé de la piler dans un mortier avec une pincée de sucre. Vous pilerez de la même façon les pistils de safran.

Notre chef pétrit la pâte en l'écrasant au fur et à mesure entre les doigts, et avec la paume de la main. Pendant le malaxage, elle renforce la fermeté en ajoutant farine et amandes hachées. Elle en profite pour goûter le mélange et rectifier la teneur en eau de fleur d'oranger. La présence de vinaigre aide la pâte à rester souple.

Pour la présentation, vous pouvez saupoudrer la surface de vos chabakia avec des graines de sésame, des pistaches ou des amandes concassées.

Faites griller le sésame à sec dans une poêle. Dans une terrine, mettez l'œuf, le vinaigre, les amandes mondées et hachées, la cannelle, l'anis pilé, 100 g de sésame mixé, le beurre fondu avec l'huile d'olive et l'eau de fleur d'oranger.

Fouettez la préparation. Ajoutez la levure, le safran et la gomme arabique pilés puis la farine. Pétrissez à la main, énergiquement jusqu'à obtention d'une pâte ferme et homogène. Divisez en grosses boulettes et laissez reposer 15 min.

Sur un plan de travail fariné, étalez finement votre pâte au rouleau. Avec une roulette, découpez dans la pâte un grand rectangle, que vous divisez en six petits rectangles.

Cuisson: 10 min

Repos de la pâte: 5 min

Sur un petit rectangle de pâte, faites 6 entailles parallèles à la roulette, sans aller jusqu'au bord. Passez les doigts dans les languettes pour les séparer de gauche et de droite, scellez la bordure avec le doigt, et faites ressortir les languettes par le milieu.

Préparez les autres chabakia. Plongez-les dans une friture brûlante et laissez-les dorer jusqu'à ce qu'elles soient presque brunes. Sortez-les de la friture à l'aide d'une araignée.

Versez immédiatement les chabakia dans un récipient rempli de miel, et retournez-les à la spatule. Puis égouttez-les dans une passoire. Saupoudrez avec les graines de sésame restantes.

FATIMA MOUZOUN

Cornes

4 personnes ★★ **Préparation : 50 min**

Farce aux amandes :
1 kg d'amandes décortiquées
500 g de sucre
1 citron
2 cuillères à soupe de beurre
10 cl d'eau de fleurs d'oranger
1 pincée de gomme arabique en grains
2 œufs
Huile pour le plat

Pâte des cornes de gazelle :
250 g de farine
1 œuf
1 cuillère à soupe de beurre
10 cl d'eau de fleurs d'oranger

Décor des cornes de sésame :
4 œufs
500 g de graines de sésame

Véritables gloires de la pâtisserie marocaine, les cornes de gazelle garnissent les buffets de douceurs préparés à l'occasion des fêtes religieuses. Elles voisinent alors avec les indispensables *briouates* au miel et aux amandes, *m'hancha*, cornes au sésame et autres *chabakia*. En tout, vingt à vingt-cinq sortes de petits fours différents sont offerts à la gourmandise des invités. C'est la gazelle, animal symbole de la beauté, de la finesse et de l'élégance qui a donné son nom à cette pâtisserie, appelée au Maroc *kaâba ghouzal*.

À partir de la même préparation aux amandes, Fatima Mouzoun vous propose de réaliser à la fois des "cornes de gazelle" et des "cornes au sésame". La farce de base comporte toujours deux fois plus d'amandes que de sucre, qui sont mixés ensemble. À ce moment, le mélange doit déjà pouvoir être moulé dans la main en une petite "saucisse". Si ce n'est pas le cas, faites comme notre chef : ajoutez de l'eau de fleurs d'oranger.

Dans les recettes anciennes, la farce contenait de la cannelle en poudre, mais celle-ci avait tendance à brunir le mélange. Fatima Mouzoun préfère donc la parfumer de zestes de citron. Parfois, elle incorpore des cacahuètes hachées dans les amandes. Moulée en forme de croissant, cette farce peut aussi être simplement trempée dans de l'eau de fleurs d'oranger et roulée dans du sucre glace, ou bien entourée de pâte et scellée en anneau.

Lorsqu'elle prépare la pâte destinée à envelopper les cornes, notre chef la malaxe longuement en une sorte de gros boudin, en appuyant fortement du plat de la main. Elle la sépare ensuite en plusieurs boules, qu'elle enduit d'huile pour qu'elle ne collent pas entre elles et restent assez molles. Recouvertes de film alimentaire, elles reposent ensuite 15 min au réfrigérateur.

Pour la pâte des cornes de gazelle, versez la farine en puits dans une terrine. Ajoutez le beurre fondu et un blanc d'œuf. Pétrissez avec de l'eau. Ajoutez l'eau de fleurs d'oranger. Malaxez pour obtenir une "pâte à tarte" et laissez reposer 15 min.

Pour la farce aux amandes, ébouillantez les amandes et enlevez la peau. Versez-les dans le bol du robot-mixeur. Ajoutez le sucre et mixez.

Ajoutez l'eau de fleurs d'oranger, 2 jaunes d'œufs, râpez le citron par-dessus puis ajoutez le beurre et la gomme arabique pilée. Pétrissez bien le tout.

de gazelle

FATIMA
MOUZOUN

Cuisson : 55 min **Repos de la pâte : 15 min** **Repos des cornes de gazelle : 8 min**

Huilez un grand plat. Séparez la farce en petites boulettes et roulez-les dans vos mains huilées. Formez de minuscules "saucisses".

Pour les cornes au sésame, battez 4 blancs d'œufs et trempez dedans la moitié des "saucisses" de pâte d'amandes. Posez-les rapidement dans le sésame, et roulez-les dans vos mains. Déposez-les sur une plaque huilée, faites cuire 15 min au four.

Cornes de gazelle : étalez une boule de pâte. Posez une saucisse aux amandes, étirez la pâte par-dessus et repliez-la. Appuyez pour former une "corne". Découpez à la roulette. Faites les autres cornes. Laissez reposer 8 min. Passez 40 min au four.

AMINA
KHAYAR

Crèpes au

6 personnes ★ **Préparation: 20 min**

Crêpes :
500 g de semoule très fine
2 g de sel
2 œufs
2 sachets de levure chimique
1 cube de levure de boulanger

Sauce :
100 g de beurre
100 g de miel

Servies pour le dessert ou pour le petit-déjeuner, les crêpes au miel de l'Atlas, également appelées beghrir présentent un aspect de "nid d'abeille" ponctué de mille petites alvéoles. Les Marocains offrent souvent comme aliment reconstituant à la femme qui vient d'accoucher, une soupe harira accompagnée de beghrir.

Vous choisirez comme base de la pâte, une semoule de blé dur d'une belle couleur dorée et de la plus grande finesse. Ainsi, la texture des crêpes sera bien moelleuse. Lorsqu'ils réalisent cette recette, certains chefs mélangent de la farine avec la semoule. Cependant, Amina Khayar préfère employer seulement de la semoule, pour que la pâte soit plus légère.

Elle mélange également levure chimique et levure de boulangerie : selon elle, c'est la meilleure méthode pour obtenir de jolis petits trous bien répartis dans les crêpes. De plus, l'ajout d'eau tiède dans la semoule dissout la levure et favorise son action. Laissez la pâte reposer au coin du feu pour permettre à la levure de travailler et de la faire gonfler.

Plusieurs régions de production fournissent un excellent miel marocain. Très réputé, le miel de l'Atlas présente une texture épaisse, une couleur ambrée et une saveur prononcée. Les Marocains l'apprécient pour enrichir leurs pâtisseries, leurs crêpes, et sur du pain pour accompagner le thé à la menthe. Certains plats de viande comme l'épaule d'agneau aux pruneaux et abricots ou l'agneau confit (m'rouzia) accueillent également du miel dans leur sauce.

Le beurre clarifié nécessaire à la sauce est facile à réaliser. Lorsque l'on fait fondre le beurre, le petit lait se dissocie sous forme d'écume blanchâtre. Laissez reposer quelques instants, et il tombe au fond. Filtrez ensuite le beurre fondu, en versant doucement pour que les résidus restent au fond de la casserole. Après l'avoir tendrement mélangé avec du miel, vous baignerez vos crêpes dans cette onctueuse et riche préparation.

Disposez la semoule dans une terrine. Faites une fontaine. Versez à l'intérieur le sel, la levure chimique, la levure de boulanger émiettée et les œufs.

Commencez à fouettez la pâte. Ajoutez de l'eau tiède au fur et à mesure, tout en continuant à fouetter.

Versez la préparation dans le bol du robot-mixeur. Mixez jusqu'à obtention d'une crème jaune pâle lisse et homogène. Trans-férez dans un saladier. Laissez reposer 20 min sur un coin de plaque tiède.

miel de l'Atlas

AMINA
KHAYAR

Cuisson: 3 à 4 min par crèpe **Repos de la pâte: 20 min**

Faites chauffer à sec une petite poêle anti-adhésive. Versez une petite louche de pâte. Faites cuire la crêpe d'un seul côté, jusqu'à ce qu'elle soit ferme et présente l'aspect d'un "nid d'abeille" de couleur jaune pâle uniforme.

Faites fondre le beurre dans une petite casserole. Laissez reposer quelques instants. Versez-le ensuite à travers une passoire, en laissant un maximum de dépôt au fond de la casserole. Mélangez ce beurre clarifié avec le miel.

Juste avant la dégustation, trempez rapidement chaque crêpe dans le beurre au miel. Dégustez tiède.

FATIMA
MOUZOUN

Fakkas

4 personnes ★ **Préparation : 20 min**

8 œufs
250 g de sucre semoule
200 g de beurre
200 g d'amandes décortiquées
2 sachets de levure chimique

1 sachet de sucre vanillé
1 kg de farine
200 g de raisins secs
1 filet d'eau de fleurs d'oranger
Huile de table

Dans les familles marocaines, le thé à la menthe est souvent servi jusqu'à trois fois par jour. Il est de tradition de proposer en accompagnement un bol contenant un assortiment de *fakkas*, amandes, cacahuètes, dattes, figues et raisins secs. Les Marocains du Centre les réalisent souvent de petite dimension, et les proposent à leurs invités à l'occasion de la fête de Achoura (Nouvel An).

Comme la plupart des pâtisseries marocaines, ces gâteaux sont marqués par la présence insistante des amandes. L'amandier, qui appartient à la famille des rosacées produit des fruits de juin à fin septembre. Ceux-ci sont récoltés par gaulage ou secouage, écalés pour retirer leur enveloppe verte et duveteuse, non comestible, puis mis à sécher. Ainsi, les amandes sèches sont facilement disponibles toute l'année, sous plusieurs formes : en coque, décoquillées avec leur peau, entièrement pelées ou même déjà hachées.

Dans la pâte, notre chef ajoute parfois de l'anis pilé, du sésame ou des noix à la place des amandes. Lorsqu'elle ne dispose pas de noix ou d'amandes, elle prend alors soin d'enduire la pâte avec des graines de sésame. Les raisins secs qui l'agrémentent font l'objet d'une production au Maroc, dans le Nord-Ouest, du côté de Khmissat et T'ifelt. Les marchés marocains proposent aussi bien les variétés rouges, blondes ou noires.

Fatima Mouzoun modèle la pâte des *fakkas* en forme de petites "baguettes de pain", qu'elle fait dorer au four, puis recoupe ensuite en tranches fines à peine épaisses de 5 mm. Ces rondelles doivent être taillées régulièrement pour une belle présentation. Pour une meilleure réussite, notre chef vous suggère de badigeonner les bâtons de pâte au jaune d'œuf battu, pour qu'ils acquièrent dans le four une appétissante couleur dorée. Une fois cuits, laissez-les ensuite durcir jusqu'au lendemain (vous pouvez également les placer au congélateur). Il vous sera alors facile de les découper en jolies tranches biseautées.

Écrasez les amandes dans un mortier, avec un pilon, mais assez grossièrement pour conserver quelques morceaux.

Versez le sucre et 7 œufs dans une terrine. Fouettez-les jusqu'à ce que le mélange blanchisse.

Ajoutez le beurre ramolli, 1 filet d'huile, les amandes hachées, les raisins secs, le sucre vanillé et l'eau de fleurs d'oranger. Fouettez légèrement. Transférez dans un grand plat.

Cuisson : 30 min

Incorporez ensuite la levure et la farine tamisée. Pétrissez à la main jusqu'à obtention d'une pâte épaisse, ferme et homogène. Séparez-la en plusieurs pâtons.

Roulez chaque pâton en un long boudin d'environ 20 cm de long sur 3 cm de large. Badigeonnez-les au jaune d'œuf battu. Déposez-les sur une plaque huilée et faites-les dorer 15 min au four. Laissez refroidir les fakkas obtenus.

Posez les fakkas sur une planche à découper. Tranchez-les en biseau, en rondelles d'environ 5 mm d'épaisseur. Refaites-les cuire 15 min au four, jusqu'à ce que les tranches soient dorées.

M'HAMED CHAHID

Figues fraîches rôties,

4 personnes ★ **Préparation: 15 min**

1 kg de figues fraîches
100 g de miel de thym
50 g de beurre
150 g de fromage de chèvre frais

Décoration facultative :
Feuilles de menthe

Grands spécialistes des petites pâtisseries aux fruits secs, les cuisiniers marocains ont longtemps délaissé les desserts à base de fruits frais. Le plus souvent, ceux-ci sont simplement présentés en assortiment dans une corbeille, ou découpés en lamelles dans des salades sucrées, parfumées à la cannelle et à l'eau de fleur d'oranger. Toujours très créatif, notre chef a choisi de poêler des quartiers de figues au beurre, de les napper d'une sauce au miel de thym, et de les présenter en compagnie de fromage de chèvre.

M'hamed Chahid est originaire de Tanger : le Nord du Maroc est également réputé pour sa production de figues, de fromage de chèvre et de miel. Lorsqu'il est parfumé au thym, ce dernier est de couleur chocolat très foncée. Si vous ne trouvez pas ce délicieux produit élu par notre chef, vous pouvez réchauffer dans une casserole du miel ordinaire, et y faire infuser tout simplement une branchette de thym. Dans les montagnes, certains récoltent encore le miel sauvage, d'une grande pureté et au goût très prononcé.

Pour ce dessert, notre chef préfère employer des figues à peau blanche, idéales pour l'harmonie de couleurs, mais des fruits violets conviendront tout aussi bien. Deux types de figues sont disponibles sur les marchés marocains : les bakour, qui mûrissent seulement pendant une semaine ont suscité le dicton : "Les sept jours des figues passent très vite". Il s'applique aux gens qui se vantent trop de leur réussite, et qui ne vont pas tarder à connaître la période des "vaches maigres". L'autre espèce, très sucrée, est présente plus longtemps sur les étals.

Vous choisirez un fromage de chèvre frais campagnard. Dans les montagnes du Rif, il est fabriqué à partir de petit-lait, obtenu par barattage du lait dans une peau de chèvre. On l'égoutte ensuite durant 3 à 4 jours dans un linge. Coupé en petits cubes, il formera l'élégante escorte des fruits miellés.

Rincez et essuyez les figues. Coupez proprement la queue. Tranchez les fruits par le haut, en 3 ou 4 quartiers réguliers.

Coupez le beurre en tranches. Disposez-les dans une sauteuse. Faites-les fondre sur le feu jusqu'à ce qu'elles moussent.

Versez les quartiers de figues dans le beurre bien chaud. Secouez la sauteuse pour bien les enduire de beurre et les faire dorer uniformément. Réservez les figues poêlées hors du feu.

miel de thym et fromage

M'HAMED
CHAHID

Cuisson: 15 min

À leur place, incorporez le miel dans le beurre fondu. Mélangez à la spatule. Faites réduire la sauce à feu moyen, en remuant toujours.

Détaillez le fromage de chèvre en petits cubes.

Nappez le fond de vos assiettes avec la sauce au miel. Disposez les cubes de fromage au centre et les quartiers de figues en rosaces tout autour. Décorez de feuilles de menthe.

MOHAMED TASTIFT

Flan de fromage

4 personnes ★ **Préparation : 25 min**

200 g de fromage de chèvre frais
3 cuillères à soupe d'eau de fleurs d'oranger
1/2 citron
100 g de sucre semoule
6 cuillères à soupe de lait
3 feuilles de gélatine
100 g de dattes

4 cuillères à soupe de miel
1 cuillère à café d'huile végétale

Décoration :
Dattes
Feuilles de menthe (facultatif)

Ce flan est une création de Mohamed Tastift. Notre chef, qui officie à l'hôtel Berbère Palace situé à Ouarzazate, utilise pour confectionner cette recette uniquement des produits locaux. Ce dessert original se compose de fromage de chèvre, dattes et miel.

Très apprécié des Berbères, le fromage de chèvre frais est exclusivement préparé avec du lait de ce caprin. Contenant moins de 45 % de matières grasses, il n'est jamais affiné, ni fermenté. Le fromage de chèvre frais se caractérise par une saveur douce ou légèrement acidulée. Fréquemment employé en pâtisserie comme entremets, il doit être consommé rapidement. Selon vos goûts, vous pouvez le remplacer par de la *ricotta*, au goût nettement plus neutre.

Ce flan de fromage se marie idéalement aux dattes. Avec plus de trois millions de palmiers-dattiers, essentiellement situés dans le Sud du pays, les Marocains offrent à ces fruits une place d'honneur dans leur répertoire gastronomique.

Symbole d'hospitalité, les dattes entrent dans la préparation de nombreux mets raffinés. Fraîches, elles dévoilent une agréable texture fondante.

Quant au miel, substance sucrée fabriquée par les abeilles à partir du nectar des fleurs, il est très prisé des habitants de Ouarzazate. L'origine florale influence sa couleur, sa saveur et sa viscosité. Plus le miel est foncé, plus son goût est prononcé. Parmi les plus courants, on trouve ceux de trèfle, colza et luzerne. Notre chef vous suggère d'utiliser pour cette recette le miel d'acacia, réputé pour son extrême douceur.

Très facile à réaliser, le flan de fromage de Mohamed Tastift est un mets délicat et raffiné qui peut aussi se déguster au petit-déjeuner.

Dénoyautez 100 g de dattes et coupez-les en petits dés.

Faites tiédir le lait. Mixez les fromages de chèvre avec le sucre semoule, l'eau de fleurs d'oranger et le lait tiède.

Mettez les feuilles de gélatine dans l'eau froide pour qu'elles se dissolvent. Ajoutez-les dans la préparation du fromage. Pressez le demi-citron et versez le jus dans le mélange. Mixez.

de Mohamed Tastift

Cuisson : 2 min

Réfrigération du flan : 2 h

Dans un bol, mettez les petits dés de dattes et versez le mélange du fromage. Mélangez.

Huilez les moules avec l'huile végétale. Avec une cuillère, incorporez le mélange. Laissez reposer au réfrigérateur 2 h.

Démoulez les flans avec la lame d'un couteau. Dressez-les dans les assiettes, versez dessus le miel. Décorez avec des dattes et une feuille de menthe.

ABDELMALEK EL MERAOUI

Gâteau aux dattes

6 à 8 personnes ★ **Préparation: 40 min**

Pâte :
150 g de beurre
50 g de margarine
2 sachets de sucre vanillé
250 g de farine
8 œufs
1 pincée de café soluble

Farce aux dattes :
2 kg de dattes
1 pincée de cannelle en poudre
10 g de gomme arabique en poudre
1 pincée de muscade râpée
1 verre à thé d'eau de fleur d'oranger

Les clients de l'hôtel Beach Club d'Agadir apprécient depuis longtemps le gâteau aux dattes préparé par Abdelmalek El Meraoui. Simples et raffinées à la fois, ces petites bouchées en forme de losanges enserrent une farce aux dattes entre deux fines couches de pâte sucrée. Les Marocains amateurs de pâtisseries ont élaboré de nombreux desserts aux dattes. La garniture proposée par notre chef permet aussi de fourrer les cigares en feuille de pastilla, les aumônières appelées rziza et les m'semmen (crêpes en pâte feuilletée).

Lors de la préparation, le mélange de beurre et de margarine permet à la pâte sucrée de ne pas se déchirer. Pour les amalgamer, notre chef plonge les mains dans la terrine et presse vivement le tout entre les doigts afin d'éliminer le moindre grumeau de matière grasse. Si la pâte se révèle trop molle, ajoutez un peu de farine et continuez à la travailler. Une fois mise en boule, elle devra reposer au réfrigérateur et restera ainsi bien homogène pendant la cuisson.

La farce aux dattes apporte à ces friandises un moelleux et une saveur exceptionnels. Notre chef emploie habituellement des dattes tmar à chair molle. Les Marocains apprécient également de déguster cette variété nature, au moment du Ramadan. Lors des cérémonies, on accueille volontiers ses hôtes en leur offrant le lait et les dattes tmar.

L'eau de fleur d'oranger marque de sa fragrance nombre de desserts marocains. Elle provient des fleurs du bigaradier ou "oranger amer de Séville". Parfois même, ce sont les fleurs d'orangers fraîches qui sont mixées avec les dattes pour former une farce. Dans la région d'Agadir, l'eau d'oranger d'Aït Melloul a acquis une excellente réputation.

Pour décorer son gâteau, notre chef l'enduit au pinceau d'un mélange d'œuf battu et de café soluble (ou de caramel). Il raye ensuite la surface en plusieurs sens avec une fourchette, pour former des motifs qui doreront joliment à la cuisson.

Disposez beurre et margarine dans une terrine. Malaxez bien avec vos mains. Ajoutez sucre vanillé, farine et 7 œufs. Fouettez vivement, puis travaillez à la main pour obtenir une pâte homogène. Roulez en boule, laissez reposer 15 min au réfrigérateur.

Dans la marmite du couscoussier, portez de l'eau à ébullition. Dénoyautez les dattes. Versez-les dans la passoire du couscoussier. Couvrez. Faites cuire 10 min à la vapeur. Puis épluchez les dattes.

Versez les dattes dans un saladier Parsemez-les de cannelle en poudre gomme arabique et muscade. Passez au mixeur. Ajoutez de l'eau de fleur d'oranger. Mixez de nouveau.

El Meraoui

ABDELMALEK
EL MERAOUI

Cuisson : 25 min **Repos de la pâte : 15 min** **Repos du gâteau au congélateur : 15 min**

Aplatissez la pâte à gâteau avec un rouleau à pâtisserie. Détaillez un grand rectangle de pâte. Aplatissez le surplus de pâte et découpez un second rectangle de même dimension que le premier.

Disposez un papier sulfurisé dans un plat à four rectangulaire. Recouvrez d'un rectangle de pâte. Étalez la farce aux dattes par-dessus. Aplatissez-la avec une spatule ou le dos d'une cuillère. Recouvrez du second rectangle de pâte.

Fouettez 1 œuf avec une pincée de café soluble. Étalez ce mélange au pinceau sur le gâteau. Placez 15 min au congélateur. Découpez le gâteau en losanges. Disposez-les sur une plaque, et faites cuire 15 min au four à 220°C.

FATIMA MOUZOUN

Ghriba

4 personnes ★ **Préparation: 30 min**

1,2 kg de cerneaux de noix
4 à 5 œufs
1 cuillère à café de cannelle en poudre
1 cuillère à soupe de beurre

250 g de sucre semoule
1 sachet de sucre vanillé
Huile pour la plaque

Sur les tables des buffets de cérémonie marocains, les ghriba aux noix figurent souvent parmi la vingtaine de petits fours assortis qui sont offerts à la convoitise des invités. En effet, cette catégorie de pâtisseries à base de noix ou d'amandes est seulement servie pour les grandes fêtes, ou proposée aux hôtes de marque. Aussi, les pâtissières spécialisées ont-elles l'habitude de confectionner à cette occasion plusieurs centaines de pièces pour chaque variété. Cependant, les amandes et les noix demeurent très coûteuses pour un grand nombre de Marocains. Ils réalisent donc parfois des ghriba au sésame ou aux cacahuètes, ou même avec de la farine. Ils les parfument au choix à l'anis, à la cannelle ou aux clous de girofle pilés.

Au Maroc, les pâtissiers emploient le plus fréquemment pour confectionner leurs petites bouchées, des amandes, du sésame, des raisins, des dattes et en moindre proportion, des noix et des pistaches. Dans le pays, les noix utilisées sont de production locale, assez restreinte, mais aussi d'importation espagnole ou française. Faites bien attention à la qualité de ces fruits, qui doivent être entièrement pelés, et ni amers ni rances.

Dans cette recette assez facile à réaliser, seul le passage au four est délicat. Veillez à surveiller attentivement la cuisson, car les cerneaux de noix qui décorent la surface des ghriba ont tendance à brunir trop vite. Prenez également la précaution de huiler la plaque : ainsi, le fond des gâteaux ne brûlera pas et vous pourrez les décoller facilement après cuisson.

Fatima Mouzoun a donné à ses ghriba l'aspect de petits rochers arrondis. Cependant, elle les moule parfois en forme "d'œil" aux deux extrémités aplaties. Pour un buffet, il arrive qu'elle dépose les gâteaux crus dans des petites barquettes individuelles en papier : celles-ci servent pour la cuisson, et assurent également une très jolie présentation.

Mixez grossièrement 1 kg de cerneaux de noix. Réservez le reste des noix pour la décoration.

Versez 4 à 5 blancs d'œufs et le sucre semoule dans une terrine. Fouettez jusqu'à ce que le mélange blanchisse.

Transférez le mélange dans un plat. Ajoutez le beurre ramolli, la cannelle moulue, le sucre vanillé et les noix hachées. Pétrissez à la main jusqu'à obtention d'une pâte homogène.

au noix

FATIMA
MOUZOUN

Cuisson: 10 min

Prenez la pâte par petites portions dans vos mains, et formez de petites boulettes.

Décorez chaque boulette avec un cerneau de noix réservé.

Disposez les gâteaux sur une plaque à four huilée. Faites-les cuire 10 min au four.

**KHADIJA
BENSDIRA**

Haloua

4 personnes ★★★ **Préparation: 40 min**

2 œufs
Sel

Sirop :
2 cl d'eau de fleur d'oranger
500 g de sucre en morceaux
1 g d'alun
1 g de grains de gomme arabique

Décoration :
100 g d'amandes séchées

En langue marocaine, haloua jabane signifie "douceur blanche". Ces pâtisseries, originaires de Fès, l'une des cités impériales du pays, sont généralement présentées lors des mariages ou pour fêter le retour des pèlerins de La Mecque.

Pour les Marocains, la couleur des haloua jabane est assimilée à la blancheur des cœurs purs. Selon la tradition, cette sucrerie est un gage de bonheur et de prospérité. Relativement difficile à réaliser, cette dernière se confectionne dans des caissettes.

Très populaires auprès des enfants, les haloua jabane sont pour eux de délicieux petits bonbons. Dans les rues de Fès, Mekhnès ou Tanger, ils attendent impatiemment l'arrivée des marchands ambulants. Ces derniers transportent avec eux un roseau sur lequel a durci cette sucrerie. Au cri de "douk et bân" c'est-à-dire "déguste et régale-toi", ils interpellent les plus jeunes. À l'aide d'un marteaux, ils cassent de petits morceaux et les proposent en échange d'une ou deux piécettes !

Pour réussir parfaitement cette recette, la cuisson du sirop s'avère primordiale. Nous vous rappelons que le sucre ne doit en aucun cas caraméliser. Il est impératif qu'il reste blanc et de consistance assez molle. Aussi, pour éviter une éventuelle coagulation, notre chef ajoute de l'alun ou chebba. Ces petites pierres cristallisées sont spécifiques de la région d'Essaouira, sur la côte Atlantique du Maroc. Si vous éprouvez des difficultés pour vous en procurer, vous pouvez obtenir le même résultat, en les remplaçant par un jus de citron.

Quant à la gomme arabique, elle provient de deux espèces d'acacias, originaires du Soudan et d'Égypte. Utilisée depuis la plus Haute Antiquité, cette dernière se présente en petits morceaux arrondis, blancs ou roux, très friables et qui fondent rapidement dans l'eau. Jadis, les Marocains mélangeaient cette gomme avec un peu de cire de bougie, puis la parfumaient et la consommaient en chewing-gum !

Dans une casserole, préparez le sirop en versant 1/2 l d'eau chaude. Ajoutez les morceaux de sucre, l'eau de fleur d'oranger, l'alun et les grains de gomme arabique.

Faites cuire le sirop, à 116°C en remuant avec la spatule.

Cassez les œufs. Mettez les blancs dans un récipient. Ajoutez une pincée de sel. Battez les blancs en neige.

Jabane

KHADIJA
BENSDIRA

Cuisson: 10 min

Refroidissement des haloua jabane: 4 h

Versez dans les blancs en neige le sirop légèrement refroidi. Continuez de battre.

À l'aide d'une petite cuillère, incorporez délicatement le mélange dans des caissettes.

Posez sur chaque haloua jabane une amande séchée. Mettez les caissettes au réfrigérateur pendant 4 h. Dressez-les dans un plat.

FATIMA MOUZOUN

Halwa

4 personnes ★ **Préparation: 30 min**

Pâte :
250 g de beurre
300 g de farine
5 cl d'eau de fleur d'oranger

Farce :
250 g de dattes
100 g d'amandes décortiquées
50 g de cerneaux de noix

1/2 cuillère à café de cannelle en poudre
5 cl d'eau de fleur d'oranger
Huile de friture

Décoration :
250 g de sucre glace

Au Maroc, les halwa désignent en général toutes les sucreries et confiseries, et aussi plus spécifiquement, la vingtaine de variétés de petits fours traditionnels qui garnissent les buffets de cérémonie. Fatima Mouzoun vous présente de fondantes pâtisseries en forme de "navette" ou "petit bateau". Pour les obtenir, elle forme des rondelles de pâte, qu'elle garnit de farce et replie par-dessus. Puis elle pince les extrémités entre deux doigts. Mais parfois, elle les moule en boulettes farcies, qu'elle décore à la fourchette. Les jours de fantaisie, elle découpe aussi ses halwa à l'aide d'emporte-pièces de différentes formes.

Les palmeraies marocaines produisent une multitude de variétés de dattes. Pour confectionner la farce, notre chef vous conseille de privilégier la meilleure qualité disponible dans le pays : de grosses majhoules de couleur brun foncé, tendres et bien charnues. Si vous préférez, vous pouvez les remplacer par des pruneaux ou des figues sèches.

Désignées sous le nom de "louz", les amandes entrent dans presque toutes les pâtisseries marocaines. Les amandiers se concentrent surtout dans le Sud du pays, vers Agadir, Rachidia et plus généralement dans le Souss.

Quel que soit le gâteau, notre chef emploie toujours des amandes décortiquées, conservées dans leur peau brune. En effet, celles qui sont commercialisées déjà épluchées risquent d'être très sèches, et les gâteaux obtenus ne seraient pas assez moelleux. Pour les monder, versez-les dans de l'eau bouillante et attendez que leur peau commence à se soulever. Transférez-les alors sur un plan de travail. Prenez un fruit dans la main, appuyez à une extrémité et faites sortir l'amande de sa peau. Une autre méthode consiste à les enfermer dans un linge, et à frotter énergiquement pour que les amandes se séparent de leur enveloppe.

Commencez à préparer la farce : posez les dattes dans un plat et dénoyautez-les.

Plongez les amandes dans une casserole d'eau bouillante pour les monder. Lorsque la peau cloque, retirez-les de l'eau à l'aide d'une écumoire. Épluchez-les soigneusement.

Faites chauffer l'huile dans une poêle. Lorsqu'elle est brûlante, ajoutez les amandes mondées et laissez-les dorer 5 min à feu vif. Avec un écumoire, sortez-les de la friture. Égouttez-les, puis hachez-les au robot-mixeur et réservez.

aux dattes

FATIMA
MOUZOUN

Cuisson: 20 min

Dans le bol du mixeur, versez les dattes et les cerneaux de noix. Mixez jusqu'à obtention d'une farce. Ajoutez les amandes hachées, la cannelle et 5 cl d'eau de fleur d'oranger. Pétrissez pour former une farce, puis divisez-la en minuscules "boudins".

Pour la pâte, versez la farine dans un plat et formez un puits. Disposez au centre les tranches de beurre ramolli. Malaxez à la main. Ajoutez 5 cl d'eau de fleur d'oranger. Pétrissez bien le tout, et ramenez la pâte en boule.

Aplatissez une petite boulette de pâte. Posez un boudin de farce par-dessus, et repliez la pâte. Pincez aux extrémités. Formez les autres halwa. Passez-les 15 min au four. Laissez refroidir et enduisez-les de sucre glace pour le service.

ABDELMALEK
EL MERAOUI

Jus de légumes

4 personnes ★ **Préparation : 15 min**

Jus de betterave :
500 g de betteraves rouges crues
250 g de sucre semoule
2 oranges
2 branches de menthe fraîche
1 cuillère à soupe d'eau de fleurs d'oranger

Jus de carotte :
500 g de carottes
250 g de sucre semoule

2 oranges
2 branches de menthe fraîche
1 cuillère à soupe d'eau de fleurs d'oranger

Jus de concombre :
500 g de gros concombre
250 g de sucre semoule
2 oranges
2 branches de menthe fraîche
1 cuillère à soupe d'eau de fleurs d'oranger

Abdelmalek El Meraoui vous a concocté en guise de dessert des jus de légumes à la fois très digestifs, rafraîchissants et peu caloriques. Quel que soient les légumes employés, notre chef les agrémente toujours des mêmes saveurs : sucre, jus d'orange, menthe et eau de fleurs d'oranger leur confèrent un accent très marocain. Les plus gourmands remplaceront le sucre semoule par du sucre vanillé, et pourront même substituer l'eau de rose à l'eau de fleurs d'oranger.

Comme dans beaucoup de pays, les Marocains servent habituellement le concombre en salade, émincé ou râpé et assaisonné de sel, poivre et huile d'olive, et parfois sucré pour le dessert. Ils le mélangent également avec du yaourt et du sel pour le déguster en *raib*. Les betteraves quant à elles se contentent des salades. Sel, poivre, huile d'olive et cumin viennent relever leur puissante saveur.

Vous obtiendrez un excellent jus avec des carottes assez jeunes. Si elles sont un peu vieilles et dures, ajoutez un filet de jus d'orange lorsque vous les mixerez. Si vous employez un mixeur à soupe, il vous faudra ensuite filtrer la préparation afin d'éliminer les fibres. Pour cela, versez la purée obtenue dans un chinois posé dans une terrine, et appuyez avec le dos d'une cuillère ou d'une petite louche pour extraire le maximum de jus. Pour la pureté des différents "cocktails", prenez la précaution de rincer le bol du mixeur entre chaque légume.

Le jus d'orange est extrait des merveilleuses "navel" qui mûrissent dans les plantations proches d'Agadir. C'est la région la plus réputée au Maroc pour sa production d'oranges. D'autres fruits de qualité poussent également dans le Nord-Est, autour de Sidi Kaseim et Berken.

Épluchez les carottes, les betteraves rouges et le concombre. Détaillez concombre et carottes en grosses rondelles, et les betteraves en quartiers.

Séparément, mixez les morceaux de concombre, de carottes puis de betteraves dans un mixeur à soupe, ou bien passez-les à la centrifugeuse. Filtrez-les éventuellement.

Coupez toutes les oranges en deux. Pressez-les à l'aide d'un presse-agrumes et recueillez le jus.

au mâa zhar

ABDELMALEK
EL MERAOUI

Ajoutez sucre et jus d'orange dans les jus de concombre, de carotte et de betterave.

Ajoutez ensuite l'eau de fleurs d'oranger dans les trois jus.

Ciselez la menthe. Ajoutez-la dans les trois jus. Versez-les dans de jolies coupes. Décorez le jus de concombre avec des zestes d'oranges, le jus de betterave d'un bouquet de menthe, et le jus de carotte avec des feuilles de menthe.

VICTORIA
BERDUGO

Les délices

4 personnes ★★ **Préparation : 50 min**

Délice d'aubergines :
1 kg d'aubergines naines
1 kg de sucre en morceaux
1 cuillère à café de gingembre en poudre
1 cuillère à café de cannelle en poudre
1 cuillère à café de clous de girofle
2 cuillères à soupe de miel
1 cuillère à café de bicarbonate
2 citrons

Délice de pamplemousses :
1,5 kg de pomelos blancs
1,5 kg de sucre en morceaux
1 g d'alun
1 g de gomme arabique

Délices d'oranges :
1,5 kg d'oranges navel
1,5 kg de sucre en morceaux

"Pour mes filles..." C'est par ces mots que commençait la lettre de Madame Berdugo adressée à ses enfants et dans laquelle elle expliquait, ou plutôt transmettait, la recette de ses fameux délices.

Originaire de Tanger, elle se souvient de la période de *Pessah*, pâques juive, où elle confectionnait ces douceurs si délicates. Ces "friandises" étaient habituellement présentées aux convives dans de jolies coupes en cristal.

Les délices de Madame Berdugo devraient séduire les amateurs de fruits confits. Préservés dans des bocaux hermétiques, ces derniers peuvent se conserver longtemps. Cette recette familiale comporte trois préparations distinctes. La plus originale est certainement celle des aubergines. Sachez qu'il en existe plusieurs variétés. Vous devez impérativement vous procurer des pourpres foncées, très petites et de forme allongée. N'oubliez surtout pas de bien piquer la chair avec les dents d'une fourchette avant de les mettre en cuisson.

Parmi ces délices figure également l'orange. Agrume d'hiver par excellence, ce fruit, à forte teneur en vitamines A et C, s'avère succulent confit. Madame Berdugo vous recommande la variété navel dont l'écorce épaisse et rugueuse est particulièrement facile à enlever. Réputée pour sa chair juteuse et sucrée, cette orange particulièrement savoureuse est presque toujours exempte de pépins.

Quant aux pomelos, ils résultent d'une greffe, effectuée en Amérique au XIXe siècle, entre un pamplemousse et une orange de Chine. Leur écorce épaisse de couleur jaunâtre ou rosé, se pèle facilement. Cet hybride dévoile une chair parfumée, même s'il est moins juteux que le pamplemousse.

Débordant de générosité, les délices de Madame Berdugo relèvent de l'enchantement en offrant à la table le raffinement oriental.

Préparez la veille les pamplemousses en les pelant à l'aide d'un économe. Râpez à vif la peau des oranges. Faites tremper séparément, les pamplemousses dans un grand récipient rempli d'eau ainsi que les oranges pendant minimum 12 h.

Préparez les aubergines en taillant le pédoncule. Piquez ces dernières avec les dents d'une fourchette. Faites-les tremper, 5 min, dans de l'eau froide, additionnée de bicarbonate. Rincez abondamment.

Pour les aubergines, disposez dans une gaze, clous de girofle pilés, gingembre et cannelle. Ficelez. Préparez le sirop pour les oranges et pomelos, 3 kg de sucre avec 3 l d'eau, 40 min. Séparez en 2 le sirop. Pour les pomelos, enfermez l'alun et la gomme arabique pilés dans une gaze.

de madame Berdugo

VICTORIA BERDUGO

Cuisson : 3 h 10 **Trempage des oranges et des pomelos : 12 h**

Coupez en quartier les pomelos et décollez la peau. Faites-la tremper dans de l'eau. Plongez les quartiers de peaux dans l'eau bouillante environ 15 min. Rafraîchissez-les dans l'eau glacée. Égouttez. Faites-les cuire à couvert, environ 2 h 30, avec 3/4 du sirop et la gaze préparée.

Après avoir fendu la peau des oranges avec un couteau, mettez-les dans l'eau. Plongez-les dans l'eau bouillante, environ 15 min. Rafraîchissez-les dans l'eau glacée. Pressez-les. Faites-les cuire, à couvert, dans l'autre partie du sirop, environ 2 h.

Préparez le sirop des aubergines en faisant cuire 1 kg de sucre avec 1 l d'eau, pendant 40 min. Ajoutez les aubergines et la gaze contenant les épices. Faites cuire à couvert 2 h 15. Ajoutez le miel et le jus des citrons. Laissez cuire encore 10 min. Dressez les délices dans une grande assiette.

BOUCHAÏB KAMA

Millefeuille de pastilla

4 personnes ★ **Préparation : 35 min**

22 grosses fraises
2 tranches d'ananas
2 pêches
12 prunes
1 pomme golden
2 kiwis
8 feuilles de pastilla
4 feuilles de gélatine
1/4 de verre d'eau de fleurs d'oranger

6 cuillères à soupe de miel
4 noix
100 g de sucre
2 œufs
50 cl de lait
2 ou 3 écorces de cannelle
8 feuilles de menthe
Huile de friture

Bouchaïb Kama a fait preuve d'une réelle créativité en élaborant cet étonnant dessert très alléchant, coloré et d'une texture délicieusement fondante. Des fruits variés sont macérés dans un sirop au miel et à la fleur d'oranger, puis disposés en lamelles sur des triangles de *pastilla* dorés, qui forment une fine dentelle entre les couches de fruits. Des petites îles flottantes décorées de fraises et de menthe couronnent les millefeuilles. Un nappage de coulis de fraises vient parfaire le raffinement de l'ensemble.

Tous les fruits employés par notre chef sont produits au Maroc. Pêches, prunes, pommes, fraises, kiwis... mûrissent dans les vergers du pays. Située entre le haut et le bas de l'Atlas, la région de Medelt est connue pour ses pêchers, ses pruniers et ses pommiers. Les Marocains emploient dans leur cuisine les pommes golden, les Mackintosh (petites et rondes) et les "pommes violettes" allongées, à la peau blanche d'un côté et rose de l'autre.

L'agriculture marocaine est aussi réputée pour ses fraises de plein champ, dont les plantations s'étendent à perte de vue près d'Asilah et Moulay Bousselham (entre Rabat et Tanger). Notre chef vous conseille de choisir des grosses fraises, qui formeront de belles lamelles.

Collés par le miel et la gélatine, les fruits tiennent bien sur les feuilles de *pastilla* après le dressage. Les Marocains éprouvent une grande passion pour le miel, qu'ils déclinent en de multiples variétés : lavande, thym, eucalyptus, oranger, miel de montagne... Notre recette se contentera néanmoins d'un simple miel toutes-fleurs.

Lorsque vous faites pocher les meringues, le lait ne doit pas être trop chaud pour ne pas faire retomber les blancs. Une fois cuites, égouttez les meringues sur du papier absorbant. En montant le millefeuille, vous pouvez enduire chaque triangle de *pastilla* de gelée au miel à l'aide d'un pinceau, avant d'y installer les morceaux de fruits.

Faites ramollir la gélatine à l'eau froide. Coupez les feuilles de pastilla en grands triangles. Avec une araignée, plongez-les dans une bassine de friture brûlante, jusqu'à ce qu'ils soient dorés. Égouttez-les sur du papier absorbant.

Dans une casserole, versez le miel délayé dans un peu d'eau, l'eau de fleurs d'oranger et la gélatine ramollie. Fouettez sur feu doux jusqu'à obtention d'un sirop gélifié homogène.

Rincez les prunes, pêches, pomme et fraises. Épluchez la pomme, l'ananas et les kiwis. Détaillez tous les fruits en fines lamelles (réservez 10 fraises). Versez-les dans un saladier (sauf les kiwis), et arrosez de gelée. Laissez gélifier au réfrigérateur.

aux fruits mielés

BOUCHAÏB KAMA

Cuisson : 25 min

Disposez un triangle de pastilla frite dans une assiette à dessert. Alternez par-dessus lamelles d'ananas, de fraises, de prunes et de pomme, séparées à chaque étage par un morceau de pastilla.

Terminez le millefeuille en déposant un dernier triangle de pastilla. Préparez les autres millefeuilles de la même manière. Mixez une dizaine de fraises, et passez le jus pour obtenir un coulis. Faites chauffer le lait avec une pincée de sucre et la cannelle.

Fouettez les blancs d'œufs en neige avec le sucre. Prélevez des quenelles de meringue, et pochez-les dans le lait chaud. Couronnez chaque millefeuille d'une île flottante, de lamelles de fraises, de menthe et de noix concassées. Entourez de coulis de fraises.

MOHAMMED
AITALI

Pastilla

4 personnes ★ **Préparation: 30 min**

400 g de feuilles de pastilla
1 œuf
Huile de friture

Sauce :
40 cl de lait
20 g de cannelle en bâton
80 g de sucre
2,5 cl d'eau de fleur d'oranger
100 g de fécule de maïs

Décoration :
50 g de pistaches mondées
5 g de cannelle en poudre
1 cl d'eau de fleur d'oranger
100 g d'amandes mondées
10 g de menthe fraîche
25 g de sucre glace

Les croustillants triangles de feuilles de pastilla, poêlés puis légèrement nappés de crème aromatisée à l'eau de fleur d'oranger portent au Maroc le simple nom de "pastilla au lait". Pour accentuer encore le raffinement des saveurs, notre chef prend soin de les recouvrir d'une farce à base d'amandes, très colorée et parfumée.

Très complexes à réaliser, les feuilles de pastilla fabriquées industriellement n'atteignent jamais la finesse et la souplesse de celles confectionnées de manière artisanale : certaines femmes, dotées d'une grande habileté, en ont fait leur spécialité. Beaucoup les confectionnent chez elles et les revendent aux commerçants. L'épaisseur, l'aspect, la solidité et la saveur diffèrent selon leur provenance. Fraîches, les feuilles de pastilla ou bastella, en arabe, se conservent tout au plus deux ou trois jours au réfrigérateur, dans un plastique ou du cellophane. Ensuite, elles commencent à sécher par les extrémités puis deviennent rigides et inutilisables. Elles se conservent aussi au congélateur.

Selon la méthode habituelle au Maroc, les fruits secs nécessaires à la garniture sont d'abord grillés, puis concassés dans un mortier en bois ou en métal appelé "mahraz". Vous pouvez aussi les enfermer dans un sac de congélation à fermeture zippée, et les écraser en passant un rouleau à pâtisserie par-dessus, ou à l'aide d'un maillet. Ce système évite que des petits morceaux de fruits "s'échappent" de toutes parts pendant le concassage. Pour gagner du temps, n'hésitez pas à les passer au robot-mixeur, en procédant par à-coups afin que les fruits ne soient pas réduits en poudre fine.

Pour la dégustation, présentez un bol de sauce à côté de votre plat de pastilla au lait. Ainsi, chaque convive pourra les arroser selon sa gourmandise.

Pliez une feuille de pastilla en 2. Tranchez-la par la moitié. Repliez chaque morceau en 2, en forme de triangle. Collez l'extrémité de chaque triangle avec de l'œuf battu. Procédez ainsi pour les autres feuilles.

Faites chauffer un fond d'huile dans une grande poêle. Faites dorer les triangles de pastilla sur les deux faces, dans l'huile chaude.

Versez le lait dans une casserole. Addition-nez de sucre, puis ajoutez les bâtons de cannelle. Portez à ébullition. Délayez la fécule à part, dans un peu de lait chaud. Versez dans la casserole, mélangez et laissez épaissir sur feu doux, en remuant.

LES ACTEURS

Abdelmalek El Meraoui

Bouchaïb Kama

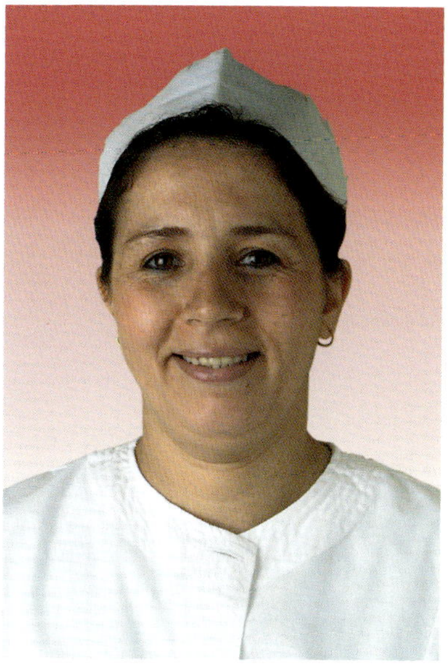

Amina Khayar

Fatima Mouzoun

Mohamed Tastift

DÉLICES DU MAROC

Réalisation / Production
Fabien Bellahsen
Daniel Rouche

Photographe / Direction technique
Didier Bizos

Assistante photo
Gersende Petit-Jouvet

Rédaction
Elodie Bonnet
Nathalie Talhouas

Assistante de rédaction
Fabienne Ripon

Coordination pour le Maroc
Lahoussine Bel Moufid

Remerciements:
Ministère du Tourisme du Maroc
Direction de la planification et de coordination de la promotion
Office National Marocain du Tourisme
Complexe artisanal de l'Oulja - Salé

dépôt légal juin 2010
Achevé d'imprimer en Espagne
Ferré Olsina S.A.-Barcelone - Espagne